第2版

Rang Meng Feixiang

主 编 徐 铭

副主编 杨国祥 王桂龙 万碧波

柏 林 郑明喜

让梦飞翔

携手镇江高专，塑造完美人生

江苏大学出版社
JIANGSU UNIVERSITY PRESS

镇 江

图书在版编目(CIP)数据

　　让梦飞翔:携手镇江高专,塑造完美人生/徐铭主编.—2版.—镇江:江苏大学出版社,2012.7
(2016.7重印)
　　ISBN 978-7-81130-387-2

　　Ⅰ.①让… Ⅱ.①徐… Ⅲ.①大学生－入学教育 Ⅳ.①G645.5

　　中国版本图书馆 CIP 数据核字(2012)第 165729 号

让梦飞翔:携手镇江高专,塑造完美人生(第 2 版)

主　　编/徐　铭
策　　划/汪再非
责任编辑/常　钰
责任印制/常　霞
出版发行/江苏大学出版社
地　　址/江苏省镇江市梦溪园巷 30 号(邮编:212003)
电　　话/0511-84446464(传真)
网　　址/http://press.ujs.edu.cn
排　　版/镇江文苑制版印刷有限责任公司
印　　刷/江苏凤凰盐城印刷有限公司
开　　本/718 mm×1 000 mm　1/16
印　　张/14.25
字　　数/230 千字
版　　次/2012 年 7 月第 2 版　2016 年 7 月第 4 次印刷
书　　号/ISBN 978-7-81130-387-2
定　　价/29.00 元

本书如有印装质量问题请与本社营销部联系调换(电话:0511-84440882)

让梦想的步伐更踏实些

（第 2 版序）

（签名）

　　大学生成长、成才是一项系统工程。"培养什么人、如何培养人"始终是高校要认真思考和努力解决好的根本问题。在社会价值多元化、文化多样化、信息网络化、经济一体化的时代，社会思想观念的独立性、选择性、多变性和差异性进一步凸显，高校人才培养工作面临着许多新的变化和新的挑战。本书作者长期从事高校教育教学工作，并在实践中立足各自的岗位，从不同的角度思考和探索"新形势下如何培养人"这一问题。本书按照党的教育方针特别是科学发展观"以人为本"思想的要求，引用现代先进的教育理论和成功的培养经验，结合高职教育实际，按照现代大学生的特点和需求，把握规律性，增强针对性，体现时代性，整体设计引导和促进学生健康成长的路径，富于创造性和应用性。

　　大学，是一个多梦的人生阶段，也是许多人真正开始实现梦想的地方。"一个人如果没有梦想，就不会有理想；没有理想，就不会有目标；没有目标，就不会有动力；没有动力，就不会成功。"梦想是成功的起点，追求梦想的过程就是学习、成长的过程，就是成才、成功的过程。因此，本书以"让梦飞翔"为主题，以中国特色社会主义理论体系为指导，以当今社会与当代大学生学习、生活实际为基础，以促进大学生全面发展为目标，依据人才成长规律和大学不同阶段的不同特点，对大学生成长成才分阶段、有重点地进行教育和培养，引导大学生"选择梦想、追求梦想、成就梦想"，学会"在品格修炼中自律、在学习生涯中自主、在职业生涯中自强、在人生道路上自立"，引导和帮助大学生更好地成长。

　　梦想是成功的起点，成功并不能仅仅依靠梦想。只有坚持正确的方向和不懈的努力，不被困难所折服，不被乱象所迷惑，以刚毅的品质面对一切，认认真真，脚踏实地，持之以恒，付出比别人更多的努力，幸运才会光临，成功才会来临，胜利才会真正属于自己。正如"西单女孩"任月丽，她走向春晚的每一步都离不开社会的关注、鼓励与支持，更离不开她自己对未来美好生活地无限期待和执著追求。在人生的大海上,只有自己才是命运之船的真正舵手。人生之花能否成功绽放,要靠坚定不移的信念去培植,更要用辛勤劳作的汗水去浇灌。

同学们,让我们从迈进大学第一天和翻开本书第一页开始,放飞梦想,让梦飞翔,启航有意义的人生旅程,细品人生,活出精彩,创造奇迹,走向成功,并以一颗美好的心灵,让成功的花儿,越开越美丽,越开越芬香。

(本文作者韩光范:原镇江高等专科学校校长,教授,博士)

我能为你做点什么

（第1版序）

（签名）

　　胡锦涛总书记在前不久召开的全国教育工作会议上强调指出："教育的根本目的是培养德智体美全面发展的社会主义建设者和接班人，必须全面贯彻党的教育方针，把促进学生健康成长作为学校一切工作的出发点和落脚点。"并进一步明确："坚持以人为本、全面实施素质教育是教育改革和发展的战略主题，是贯彻党的教育方针的时代要求。"

　　加强学生的全面素质教育，努力促进学生的成人、成才、成功，是教育理论研究和实践探索的一个重要课题。在实施全面素质教育过程中，我校逐步形成了"素质为魂、能力为本、厚德强能、全面发展"的素质教育理念，明确了"高素质、强技能、善创新、可持续发展"的人才培养目标，传承和弘扬了"爱无涯、美无极"的校园文化特色。如何让这些理论成果和实践经验，更好更快地为学生服务？如何让我们的学生一踏进高专校园，就能沐浴着素质教育的春风，滋润着素质教育的春雨，引导他们打好基础、提升素质，努力在实现个人的自由、全面、和谐发展中，各有所得，各得其所？这正是我们组织编写《让梦飞翔——携手镇江高专，塑造完美人生》的动机和目的。

　　经过全体编委近两个多月的辛勤努力，《让梦飞翔——携手镇江高专，塑造完美人生》一书终于完稿了。这本书是为我们镇江高专的学生量身定制的一本大学学习、生活和成长的指南，是同学们进行素质教育实践的益友。它分上、中、下三个部分，18个条目，全面而概要地向同学们介绍了学校的基本情况、学习生活的基本要求和遇到一些问题的解决办法，企望努力为同学们在进行大学生涯规划和素质拓展时提供一些帮助和指导。这本书体现了三个特点。

　　一是综合性。全书既阐述了高职高专学生素质提升的普遍要求，又提出了镇江高专学生素质教育的特殊要求，横向上涵盖了思想修养、学习方法、人际交往、心理调适、就业准备等大学生活所涉及的多个方面；纵向上贯通了从入学到毕业的整个时间跨度，从而构成了学校素质教育的一个立体的多维时空，点面结合，纵横贯通。

二是生动性。这本书从编写体例到行文风格，乃至装帧设计、版面安排，都尽可能考虑适合当代大学生的阅读习惯、爱好，将做人的道理、处世的办法，通过亲切的对话、实例的佐证，娓娓道来，减少了教科书的那种刻板和生硬，而且还在书页中增加了漫画插图、互动交流和心理测试等，从而增强了可读性和趣味性。

三是实用性。当前，有关学生生活指南一类的书籍比较多，但普遍有个缺陷，就是往往提供的是"统货"，与学生的需求贴得不紧，特色、个性不鲜明，实用性不强。本书在编写过程中，尽可能地注意了避免这一现象，紧扣住高职高专学生，紧贴着镇江高专的特点，为我们自己的学生量身定做。

当然，由于时间仓促，这本书的编写还存在着一些不足之处。好在编者都是学校从事学生教育工作的老师，我相信，在使用过程中，他们一定还会继续听取同学们的意见，不断地进行修正和补充，努力使这本书成为我校素质教育的一个生动教材。

这本书在编写之初，正是网络在热传华中科技大学校长李培根院士为 2010 届本科生所作毕业致辞之时。"根叔"仅 16 分钟的演讲，竟被学生们的掌声打断 30 余次，校长致辞结束时，全场 7700 多名学子起立高喊："根叔！根叔！"许多学生当场热泪盈眶。对"根叔"的这份感动，源自于作为校长的李培根院士平时与学生的交流积累，源自于那种校长与学生心贴心的感受。

李校长在致辞中说："我时时拷问自己，到底为你们做了什么？还能为华中科大的同学们做些什么？"这一问，同样应当成为我们每一个学校管理者、老师的良心之问。是啊，我，或者我们，为同学们做了什么？还能做些什么？

大学精神的本质是在一方思想纯粹、学术自由的环境中培养人、发展人、成就人。学校的责任就是促进学生的全面发展。要实现这样一个目标，就需要教育者以一种平等的视角去看待学生、帮助学生、影响学生。这要求我们成为一个和蔼可亲的师长，要以服务学生为己任，以关注学生发展为使命，用学生的眼睛去观察学生的世界，用学生的感觉去耐心倾听学生的声音，用一颗爱心去做学生希望做的事情。能否主动贴近学生的生活，能否清楚学生关心什么，能否乐于并善于为学生指点迷津，这应当成为大学管理者成功与否的一个重要衡量标准。我们现在需要的是一种心贴心的意识和努力，是一种基于心与心的无阻碍沟通之上的教育、启发和引导。这也正是我们一直在努力的。

但愿我们今天完成的这本《让梦飞翔——携手镇江高专，塑造完美人生》，能够成为这种努力的一个鲜活的记号。

（本文作者杨国祥：原镇江高等专科学校党委书记，研究员）

目录

上篇　我的大学我的梦

> 亲爱的同学,当你翻开这本书的第一页,我们的大学缘就开始了。欢迎你,我的朋友,让我们携手镇江高专,一起度过这三年美好的大学生活,为塑造完美人生奠定基础。

目录

中篇　我的发展我努力

亲爱的同学，你是否已经完成了从中学生到大学生的蜕变？面对大学的学习你该掌握哪些方法？面对丰富多彩的社团活动你该何去何从？憧憬的爱情是不是会如期而至？面对网络你又该知道些什么？

下篇　我的未来我做主

亲爱的同学，祝贺你即将顺利完成大学的学业！快要走向社会了，你一定很激动、很兴奋，也一定会有紧张和不安。你是选择就业，还是创业？你知道求职和创业中要注意的问题吗？对于毕业，你有什么感想？

我的大学我的梦

亲爱的同学，当你翻开这本书的第一页，我们的大学缘就开始了。欢迎你，我的朋友，让我们携手镇江高专，一起度过这三年美好的大学生活，为塑造完美人生奠定基础。

一、相识在高专

亲爱的同学,当你拿到了镇江高等专科学校鲜红的录取通知书,就说明我们有缘。你来到镇江高专读书,既是你对学校的选择,也是学校对你的选择;无论是你选择了高专,还是高专选择了你,这都是你获得初步成功的标志,也更是你接受新的挑战的开始。

认识镇江高专

镇江高专全称是"镇江高等专科学校",英文名称为"Zhen-jiang College",是1992年由教育部批准成立的一所全日制普通高校。

学校坐落于江苏省镇江市美丽的宝塔山麓、古运河畔,其办学历史可以上溯到1912年由我国近代著名国画家、教育家吕凤子先生创办的正则女子学校。多年来,学校依托地方办学,以全日制高职教育为主体,兼及远程教育、教师培养培训与岗位技能培训,多渠道、多形式办学,已经成为教育部人才培养水平评估优秀学校。学校现占地600多亩,学校建有国家专利导航试点工程(江苏)研究基地1个,国家学前教育改革发展示范区师资培养基地1个,国家级"工业分析与检验实训基地"1个,中央财政支持重点建设专业2个(机械制造与自动化、广告设计与制作),江苏省社科研究基地1个,江苏省重点专业群3个(机械制造与自动化、广告设计与制作、旅游管理),省级品牌专业1个(旅游管理)、省级特色专业1个(文秘),省级综合实训基地2个。学校现有校内实训基地58个,建有数控、自动化系统、嵌入式系统、会计电算化、艺术设计、酒店管理等校内实训实验室134个,校外实训实习基地146个。学校图书馆建有现代化的电子阅览室、网络文献阅览室8个,馆藏纸质图书61万多册,中外文纸质期刊639种,电子

吕凤子先生

图书 300 万种,电子期刊 1 万多种 3 千多万篇。

学校拥有一支结构合理、综合素质优良的师资队伍,现有教职员工 600 多人,其中具有正高级职称的教师 22 人,副高级职称的教师 250 多人,有博士、硕士学位的教师 200 多人,居省内同类院校前列。学校的"双师"素质型教师有 200 多人。学校聘请全国政协委员、中国工程院院士顾心怿为发展建设顾问,聘请中国人民解放军原 60 军军长李元喜将军为兼职德育教授,还聘请了多位知名学者和业界精英为兼职教授,同时聘请行业技术能手为学校实训指导教师,定期为学校提供咨询服务,为师生作报告,指导人才培养工作。学校历来重视培养专业带头人和骨干教师的工作,全校有国务院特殊津贴专家 2 人,省、市级有突出贡献中青年专家 7 人,省"333 工程"培养对象 5 人,省"六大人才高峰计划"高层次团队 2 个,省高校学术带头人、优秀青年骨干教师 16 人。

学校坚持"素质为魂、能力为本、厚德强能、全面发展"的大学生素质教育理念,坚持"讲训并重,学练结合",积极实施"2 + 1""2.5 + 0.5"培养模式,实行"双证制"培养方案,扎实推进大学生全面素质教育工程,为生产、建设、管理、服务等一线行业培养高素质、强技能、善创新的技术技能型人才。学校坚持以就业为导向,始终把"提高学生的就业竞争力和可持续发展力"作为学校安身立命之本,努力为社会输送优秀人才,得到了社会的广泛认可和充分肯定。毕业生就业率连续多年保持在 98% 以上,用人单位对毕业生的满意率保持在 95% 以上,毕业生中涌现出一大批技术骨干、管理人才和创业能手。

学校围绕教学开展科研,依靠科研提升人才培养工作水平。"十一五"以来,学校教职工主持各级各类课题共计 280 余项,出版专著 30 多部、大学教材 50 多部,获专利 20 余项,发表省级以上学术论文 1600 余篇,获国家、省、市级成果奖励 300 余项,其中省级精品课程、省级精品教材和省级优秀教学成果奖等 19 项(包括教学成果奖 2 项)。

学校十分注重加强国际合作交流,十多年来先后与美国、日本、加拿大、澳大利亚、新加坡等国家的高校和教育机构建立了合作关系,与加拿大荷兰学院等学校联合开办了"计算机应用技术"(商业信息技术)、"酒店管理"(旅游与酒店管理)、"国际贸易"、"电子商务"、"工商管理-商务经理"、"市场营销与广告管理"等 6 个专业。其中,与加拿大荷兰学院合作办学的"计算机应用技术"(商业信息技术)、"酒店管理"(旅游与酒店管理)两个专业已有11届学生毕业。

院部及专业介绍 学校设有装备制造学院、电气与信息工程学院、汽车工程学院、化学与材料工程学院、财经商贸学院、旅游学院、艺术设计学院、人文与法律学院、丹阳师范学院、卫生护理学院、基础部(社科部)、体育部、国际教育学院、师资培训中心等教学单位,还设有高等职业教育研究所、素质教育研究所、吕凤子研究所、沈括研究所和赛珍珠研究所等科研机构。全校共设45个专业,具体如下:

专业代码	专业名称	专业代码	专业名称
520804	环境工程技术	630302	会计
520905	工程安全评价与监理	630501	国际贸易实务
530702	建筑材料检测技术	630701	市场营销
540301	建筑工程技术	630702	汽车营销与服务
560101	机械设计与制造	630801	电子商务
560102	机械制造与自动化	630903	物流管理
560113	模具设计与制造	640101	旅游管理
560301	机电一体化技术	640102	导游
560302	电气自动化技术	640105	酒店管理
560303	工业过程自动化技术	640202	烹调工艺与营养
560701	汽车制造与装配技术	650102	视觉传播设计与制作
560702	汽车检测与维修技术	650103	广告设计与制作
570201	应用化工技术	650111	环境艺术设计
570207	工业分析技术	650219	音乐表演
590202	药品生产技术	650402	文化市场经营管理
590204	药品质量与安全	660102	网络新闻与传播
600209	汽车运用与维修技术	670102K	学前教育
610104	智能产品开发	670204	旅游英语
610201	计算机应用技术	670301	文秘
610211	信息安全与管理	680501	司法助理
610212	移动应用开发	680503	法律事务
620201	护理	690202	人力资源管理
620407	眼视光技术		

校训、校风、教风、学风

校训和校风、教风、学风,简称为"一训三风"。它们是学校办学理念的体现,是学校文化的核心内容,也是全校师生的行动准则和指南。当你跨入镇江高专的大门时,你就应当了解和熟悉它,并在今后的校园生活中不断加深对"一训三风"的认识和理解,努力按照要求,严格规范自己的学习和生活,在实践中不断丰富和完善"一训三风"的内涵和精神,为推动学校的"一训三风"建设作出努力。

1. 我们的校训——正则格致

校训,是学校的至圣大雅之言,它反映的是学校的办学传统和办学理念,是学校深层次的精神底蕴与人文内涵,它会给师生鞭策,甚至成为大家终身的座右铭。校训是一个标尺,用以激励和劝勉在校的教师和学子们,即使是离开学校多年的人也会将校训时刻铭记在心。校训体现着学校面向社会的精神标志,能为学校起到一定的宣传作用,也是引领大学前进的风向标。

"正则格致"的含义是:做人要公正、有法则,求知要崇尚科学、注重实践。

"正则"源于伟大的爱国诗人屈原的作品《离骚》,是屈原的化名,也是伟大的教育家吕凤子先生为他 1912 年创办的正则女子职业学校(镇江高专丹阳校区前身)确定的校名和校训。吕凤子是谁? 画家张大千说他"名气大得不得了"。中国许多最早的院校出身的著名画家,如徐悲鸿、李可染、吴冠中等都曾经是他的学生。他创办的正则女子职业学校,是我国近代最早的职业教育学校之一。凤先生作为一名杰出的教育思想家和教育实践活动家,在他多年的办学育人实践活动中,构筑了自己的职业教育思想体系。

"格致"是"格物致知"一词的省称,源于《礼记·大学》。格物:推究事物的原理。致知:获得知识。其基本意思是说:考察事物,获得知识。意蕴要崇尚科学和实践,探求真知,提高智能,掌握本领,力求全面发展学有特长,这是对求学求知的要求。《中庸》强调的"博学之,审问之,慎思之,明辨之,笃行之",可以看作是对"格物致知"学说的注解,即通过广泛学习,细致研究某事某物,并身体力行,脚踏实地去实践体会,就可以获得真知。所以,"格物致知"强调的是通过对事物的考察、检验或穷究,来获取正确认识。

同学们要认真领会校训的含义,认真践行,牢记于心,使之成为自己做人做事、求学问的座右铭。

2. 我们的校风——务实创新

校风是一所学校师生员工共同具有的理想、志向、愿望和行为习惯等多因素的综合，是一种精神状态和行为风尚，其要素由干部的思想作风、教师的教风和学生的学风所构成。优良的校风是学校生存发展的必要条件，是学校品位和格调的重要标志之一，能对人起到潜移默化的作用，能陶冶学生的情操，净化心灵，培养学生的集体荣誉感，约束学生的行为，对学生的人生观、世界观和治学风格的形成具有深刻影响，还可以在一定程度上促进社会风气的转变。

美国一所著名大学的西边，与之毗邻的是一片破烂、肮脏的棚户区，治安很差，于是校方决定筑起一道围墙与之隔开。可是当围墙筑起后，情况反而更糟，学生经常翻墙而去，打架、斗殴也经常发生，校方为之头痛不已。为加强校风建设，学校又决定把围墙重新拆掉。几年后，有人发现那里的民风大改，已成为一个文明小区。居民举止文明，谈吐文雅，很多人经常到大学里听课学习，参加学术讨论，与过去形成极大反差。于是有人说："这就是大学的力量！"

"务实创新"的含义是：务实，即做任何事情都要实事求是，讲求实效，力戒空谈，扎实工作；创新，是指顺应社会发展需要，与时俱进，敢为人先，勇于创造。一个大学的独立思想和传统精神是它的灵魂。创新之意识，自由之思想，科学、人文之传统，这些都是大学最重要的、共同的精神支柱。

作为镇江高专的新的一员，同学们一定要认真领会校风的含义。古代教育学家荀况在《劝学篇》中说："蓬生麻中，不扶而直。"形象的语言，指出了群体规范对个性形成的作用，它同时说明，以什么样的校风约束自己，就会把自己塑造成什么样的人。

校训：正则格致

一、相识在高专

3. 我们的教风——严谨至爱

教风主要反映和体现教师的师德修养和敬业精神。教师风范是教师的世界观、人生观、价值观、道德修养、知识水平、文化水准和精神面貌的综合表现，是教师的德与才的统一。教风是教师队伍素质的核心，是学校品牌和校风的象征。

"严谨至爱"的含义是：严谨，严密谨慎，一丝不苟，体现在为人、治学、教学等方面；至爱，教师要热爱教育事业，热爱学校，热爱学生，做到爱岗敬业、爱校爱生。热爱教育事业，是教育力量的源泉，是教育成功的基础。

4. 我们的学风——勤学笃行

学风有两种含义，一是指学校的治学精神、治学态度、治学原则；二是指学生的行为规范和思想道德的集体表现，是学生在学习过程中所表现出来的精神风貌，有时也特指学生的学习态度和学习风气。学风是校风的重要组成部分，是治学、读书、做人的风气，是学校的灵魂和气质，也是学校的立校之本。优良的学风是激励学生奋发向上、努力成才的无形而强大的精神力量，是学校全面贯彻落实党的教育方针，提高育人质量的重要保证。

勤学，指勤于思考、勤于学习、勤于探索，就是要保持孜孜不倦的学习态度，要保持奋发向上的精神状态。很多伟人都概括出了同一个成功的公式：

$$成功 = 天资 + 勤奋 + 机遇$$

天资是"天"来决定的，机遇是可遇而不可求的。只有勤奋是可以由我们自己来决定的。唐代大文学家韩愈说的"业精于勤荒于嬉，行成于思毁于随"就是这个意思。近代国学大师王国维在《人间词话》中说："古之成大事业大学问者必经过三种之境界。'昨夜西风凋碧树，独上高楼，望尽天涯路'，此第一境也。'衣带渐宽终不悔，为伊消得人憔悴'，此第二境也。'众里寻他千百度，那人却在灯火阑珊处'，此第三境也。"王国维先生第一境界写的就是预期，第二境界写的是勤奋，第三境界写的是成功。我们要勤学，就要拿出"衣带渐宽终不悔"的精神来做学问干事业，这是成功的必由之路。在这里，第一种境界：人们初始学习正像登高望远，看到的是书山绵延，学海茫茫，意识到自己才学之不足；第二种境界：人们废寝忘食，专心致志，以致使人容颜憔悴，可是决不后退；第三种境界：人们在知识的宝库里千百度地探寻，"蓦然回首"，终于有所发现、发明、发展。这三种境界，被成千上万的学者尊崇为座右铭。

笃行:潜心探索,身体力行,崇尚实践,学以致用。学生应做到"讲训并重,学练结合,从学中做,从做中学",作为一名高职高专学生,除勤奋学习之外,还要认真实践,注重提高技能。在努力掌握科学文化知识的同时,应该更多地联系社会,参与社会实践,做到学以致用,全面提高自身素质。我校发展建设顾问、中国工程院院士顾心怿先生就是"笃行"的模范。顾先生初始学历只是中专,然而,他在实际工作中善于运用学到的知识指导实践探索。他深入油田一线,和石油工人一起,积极探索创新,取得了多项发明成果,成为中国石化集团胜利油田资深首席高级专家。

学习是学生的第一要务,勤奋学习、务实力行是每个镇江高专学子成长、成才、成人的关键。我们今天强调践行学风,就是希望同学们树立学习目标,按照"素质为魂,能力为本,厚德强能,全面发展"的要求,勤奋学习、致力实践,努力提高自己的综合素质,不断增强社会责任感,激发为民族振兴、祖国富强而刻苦学习、努力成才的自觉性。

镇江高专学生的成才目标

作为一所办学历史悠久的高职高专学校,在长期的办学和育人实践中,学校对人才培养目标要求进行了长期的思考、探索和实践。在体现高校特征、高职高专特点和时代特色上作了多方位、立体性的思考,形成了独具特色的人才培养目标。这就是:把学生培养成"高素质、强技能、善创新、可持续发展的应用型人才"。

高素质 学校把"立德树魂"作为根本任务,坚持"素质为魂、能力为本、厚德强能、全面发展"的素质教育理念,并将其落实到具体的管理思路、办学实践和育人过程中去。切实加强学生的思想道德素质、职业技能素质、健康身心素质、人文科学素质和创业创新素质等方面的教育,致力于推进大学生全面素质教育,致力于培养全面发展的高素质人才,致力于塑造学生的"爱无涯、美无极"品质,将爱与美内化为学生的基本素质。

强技能　学校坚持全面贯彻党的教育方针,突出以社会需求为导向,并适度体现超前性的专业建设定位,全力打造特色、品牌专业,不断彰显专业特色;围绕提高学生就业能力、就业竞争力、就业率和岗位变化适应力的目标,坚持讲训并重、学练结合、质量至上、特色优先,坚持产学研的紧密结合,培养既能适应生产、建设、管理和服务一线岗位的需要(满足学生就业谋生或生存需要),又能适应未来职业变化需要的高等职业技术适应型、应用型人才(满足人的发展和整个职业生涯的需要)。

善创新　学校坚持科学育人,致力于培养学生的创新精神、创新意识和创新能力,切实转变人才培养理念,将创新教育融入人才培养专业建设体系,广泛开展创新教育活动。学校早在 2002 年,就启动了全国高等教育科研"十五"规划重点研究立项课题"创新人才、实用新型人才培养及师资素质研究",2006年,又启动了江苏省教育科学"十一五"规划重点课题"江苏高职师资的战略需求与创新培养"与"高等职业教育教学模式创新与学习方式转变的研究",取得了丰硕成果。

可持续发展　学校坚持"一切为了学生的发展"的宗旨,帮助学生成人、成才、成功。在观念上,实现由"教育学生、管理学生"向"发展学生"跨越。将尊重学生的个性特征,作为发展学生的前提;把促进学生的健康成长,作为发展学生的主导思想;将促进学生的和谐发展,作为发展学生的根本目标。认真处理好五个关系,即全面发展而不是片面发展,主动发展而不是被动发展,个性发展而不是整齐发展,全体发展而不是个别发展,可持续发展而不是短期性发展。学校努力让每个学生都得到不同程度的发展,并为今后长期发展奠基蓄势,使同学们在接受这样的教育后具备可持续发展能力,毕业后不仅"有饭碗",而且会有一个"好饭碗",即使是在放弃一个"旧饭碗"时,也能较快地重新获得一个"新饭碗"。

面对这样的一个目标,每一位选择了镇江高专的同学,都要从今天开始,从现在开始,来思考、规划和设计:我的三年大学生活该怎么过? 我该做点什么? 我能做点什么? 我能做成什么? 只有这样,当你度过三年大学生活的时候,在你回忆往事的时候,才不会因为虚度年华而悔恨,也不会因为碌碌无为而羞愧。这样才能让你的大学生活真正有了意义,才能真正实现你的大学美梦。

人生有了远方，也就有了追求的高度；人生有了追求，远方也就不再遥远。一个人最可怕的是找不到自己的方向！同学，请记住：你的爱好就是你的方向，你的兴趣就是你的资本，你的性情就是你的命运。各人有各人理想的乐园，有自己所乐于安享的花花世界。朝自己所乐于追求的方向去追求，不必抱怨环境，也无需艳羡别人，就是你一生的道路。

【我的大学目标】

高职教育及学校课程设置

1. 什么是高职教育

说起高职教育,人们对它有许多不同的理解,有人认为它就是培养技术工作者的,类似于职高和技校的提高,有人认为它是较低层次的高等教育,等同于过去的专科。那么,我们到底应如何认识高职教育呢?

按照联合国教科文组织的"国际教育标准分类",教育有三级八个层次。高等教育泛指国际教育标准分类中的第三级教育的各种教育形式。高等教育又分为普通高等教育与高等职业教育(简称高职教育)两大类型。高等教育从学历层次上分为专科、本科和研究生三个层次。普通高等教育与高职教育都是以高中文化为基础的高中后教育,同属高等教育性质的一种教育类型。目前高职教育这种类型的高等教育只有专科和本科两种层次,同学们现在读的就是专科层次的高职教育,基本修业年限均为 2～3 年(初中起点的高职教育基本修业年限为 5年,其中前三年或两年为中等职业教育,后两年或三年为高等职业教育),毕业所发证书均为国民教育系列大专毕业证书(上网可查询)。作为一种新的教育模式,高职教育更注重应用能力的培养,是教育主动适应市场的合理调整,比传统的大专教育更贴近社会需要。因此,高职教育可用三句话来概括:高职教育是高等教育,高职教育是职业技术教育,高职教育是职业技术教育的高等阶段。

高职教育的内涵决定了它的基本特点:一是教育的高层次性,属于大学教育阶段;二是入学对象具有中等以上学历水平;三是培养目标具有职业定向性,以培养生产、服务、管理第一线的应用型人才为主要目标;四是智力结构的职业能力性;五是与社会之间的双向参与性。

2. 培养规格和课程特点

根据高职教育的内涵和基本特点与学校办学特点,镇江高专将培养规格定位在:具有良好的职业素质,既具有熟练掌握职业岗位或岗位群工作能力,又具备在岗位变化后适应新岗位的能力和素质。通俗地说,就是同学们在毕业后不仅能"有饭碗",而且会有一个"好饭碗",尤其是在丢掉这个饭碗时还能重新获得一个"新饭碗"。

基于这样的培养目标和培养规格,镇江高专专业人才培养的课程体系结构框架为"四平台八模块"。建立具有相互关联的"四个平台":"基本素质教育"平台、"职业能力培养"平台、"素质拓展"平台、"综合能力提升"平台。在这"四个平台"上建立"八个模块"课程链:通用基本素质课程模块(思想政治素质课、人文素质课、身心素质课、创业创新与就业指导等)、基本能力课程模块(英语应用能力课、计算机应用能力课、表达能力课等)、行业通用能力课程模块、职业核心能力课程模块、职业拓展能力课程模块、公共选修课程模块、顶岗实习课程模块、毕业设计(论文)课程模块。

"基本素质教育平台"的课程模块是为了有效传递社会政治思想,突出价值观教育,实现课程的"学历性"、"人本性"和"政治性"。基本素质和能力是同学们从事任何职业所必备的,是掌握行业通用技能和职业核心技能的基础,具有普遍适用性和迁移性,对人的终生发展影响深远,有利于实现人的全面协调与和谐发展。

"职业能力培养平台"的三个模块是为同学们奠定必备的专业知识基础,并在此基础上培养专业要求必须具备的技能和相关能力。"行业通用能力课程模块"和"职业核心能力课程模块"主要是实际操作应用方面的课程。前者提高同学们在岗位变化后的适应能力,后者满足同学们的即时就业需要。高职院校要培养既能上岗,又能转岗的高素质高技能人才,让大家熟练掌握职业要求具备的能力与技能,最主要就靠这类课程的教学来支持。因此,这类课程大都是专业主干课程,同学们应熟练掌握并能独立操作与运用,要获得比一般院校学生更多的实际训练。

"素质拓展平台"的"公共选修课程模块"是开设与专业相关的一些基础学科与周边学科课程,既与专业的知识或技能有一定的联系,又是相对独立的学科拓展。将这样一些课程内容告知同学们,目的在于开阔你们的视野,拓展思维空间,扩大知识面,虽然就业时不一定立即用得上,但对你们今后的继续学习有所帮助。

"综合能力提升平台"下的课程模块是在积累了一定的基础

知识及专业知识和技能的基础上进行的应用操作教学与训练,是同学们所学知识和能力的综合运用,是毕业前的"实战演习",是在"工作过程"的学习中实现技能、知识与价值观的系统整合,学习行为就由局部经验的习得升华为职业综合能力的获取。

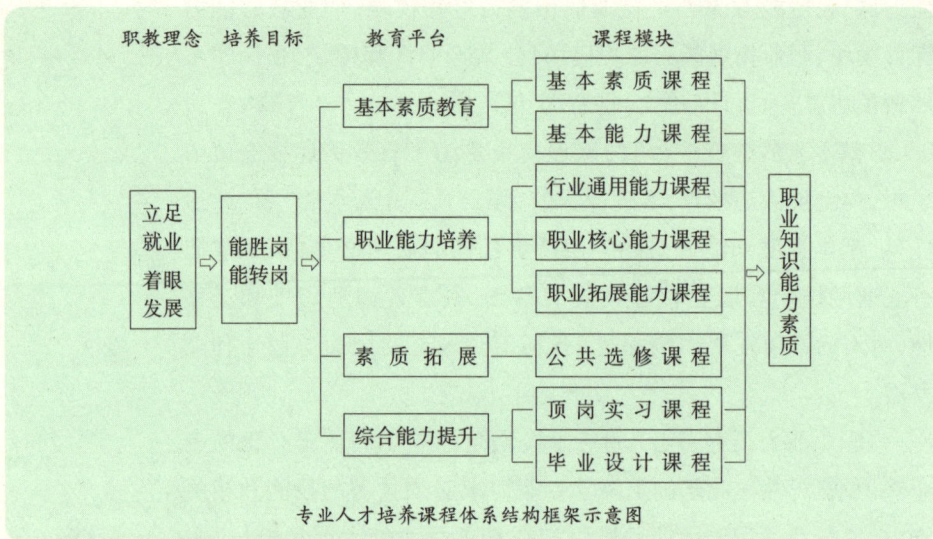

专业人才培养课程体系结构框架示意图

当然,各个系的不同专业可能在上述基础上有些变化,为此同学们要关心所学专业三年的课程设置。课程设置的实施分成两大阶段,即前两年为第一大阶段,以校内培养为主,学生在校内完成基本素质教育课程、通用基本能力课程、专业大类的专业基础理论知识课程、行业通用技术技能课程以及素质拓展课程的学习,以学校为主体,引入企业专家参与实践教学;后一年为第二大阶段,教学设计紧紧围绕"顶岗实习"和"毕业设计"(毕业论文)这两个关键环节,建立相应的顶岗实习管理制度,充分利用企业教育资源,引入学校和企业"双导师制",提高实习效果,让同学们在真实的工作环境和素质教育环境中学习做人做事的本领。在专业综合顶岗实习中,同学们在校企"双导师"的指导下完成综合毕业设计任务。这个教学设计其本质特征是校企两个育人主体在两个育人环境中培养同学们岗位就业能力和岗位变化的适应能力,使培养的人才尽可能满足社会和用户的需要,让同学们在实际生产与科研开发中,达到学有所长、一专多能、毕业即能上岗、岗位变化还能转岗的高职教育目标,实现"立足就业,着眼发展"的高职教育理念。

二、转变角色

　　一个人一生会有许多梦。何况你又正是在一个多梦的年龄。这时的大学梦，更是多姿多彩。梦中的大学，有着城堡式的教学楼，恢宏中包裹着很多神秘；梦中的大学，有着深深的松林，林间的小径上飘洒着缕缕阳光；梦中的大学，是铺满鲜花的宽广的绿野，在红的、黄的、蓝的、紫的花丛中，可以躺着看蓝天，坐着读童话。那么，你梦中的大学是什么样的呢？你能告诉我吗？

我的大学梦

大学究竟是什么

大学梦,尽管多姿多彩,但它往往不够真实。那么什么是大学呢？也许身在其中的你并不能清楚地说出来,也许在有的人的心目中,大学是为自己镀金的好地方,是风花雪月谈恋爱的好地方,是潇洒人生享受快乐的好地方。当然,事实并不是这样。

大学,是汇聚涓细智慧的溪流。它是一个研究高深学问的地方,是传承人类文明,创造新科学、新知识、新文化的机构。中国近代著名思想家、教育家蔡元培先生曾经指出:"大学者,囊括大典网罗众家之学府也","为最高文化中心",大学师生"当以研究学术为天职,不当以大学为升官发财之阶梯"。

大学,是造就学生高尚人格的熔炉。它是培养学生健全的人格、高尚的道德、健康的情感、良好的文化修养、较强的社会适应能力和职业创造能力的地方。大学教育是塑造灵魂的教育,是培养具有独立思想、民主自由精神的现代文化人的熔炉。它不是一个专门生产千篇一律的知识产品的工厂,不是一个专门制造鲜艳夺目文凭的机器。

大学,是高层次人才展示才华的舞台。它是高水平理论人才和专家、学者聚居的地方,是他们对世界进行不断地研究、探索,公开追求真知、真理的圣坛;是一个思想火花激烈碰撞能够迸发出耀眼光芒的理想王国;是一个拒绝诱惑,坚持操守,努力用精神、气质、理想主义呼唤社会良知、引导社会前行的精神家园。

大学是一个令人激动、神往和永远怀念的好地方。大学不仅可以让你拥有美好的梦想,而且可以通过你的努力去使梦想成真。

大学的任务一般被认为有三方面的内容,即培养专门人才、发展科学和直接为社会服务。狭义概念上的大学,主要是指研究型的全日制高等教育机构。而普通意义上的大学,则包括了大学、专门学院、高等专科学校。

高校教育与中学教育有什么不同

高校教育是促进人的发展的活动,其促进人的发展的主要价值表现为:提高个人的专业知识水平和能力,培养良好的综合素质以及提升个人的社会地位。同学们在大学这个人文荟萃、图书信息丰富的环境里,在老师的指点下,能够在较短的时间内获得人类长期积累的大量知识,这是非大学环境里的人在等量时间里难以企及的。而且大学的学习能使人的知识结构更完善,与中学、小学相比,大学学习的知识更高深、更系统、更深刻。同时,大学是专业教育,更注重专业知识和技能的培养,能让同学们成为某种专业知识和技能的拥有者。大学在帮助同学们完善知识结构的同时,还致力于促进同学们智力的发展和能力的提高;既提高同学们的认知水平,又提高同学们的个性心理水平,养成良好的情感、意志和品格,提升个人的综合素质。

高校培养目标有着分层次的特点。一般来说,像我校这种类型的高等专科学校,其培养目标侧重于实践能力的培养,特别强调应用性知识和技能的掌握,要求同学们经过三年的学习,毕业后能够从事本专业的技术性工作,能够解决本专业范围内的具体问题,对于基本理论不作过高要求。

高校的教学过程与中学也有着明显的区别,体现出专业性、独立性、创造性和实践性的特点。高校的教学原则表现为:科学性与思想性的统一,教师主导作用与学生主体性相结合;传授知识与发展能力相统一,理论联系实际;直观性与抽象性相统一,统一要求和因材施教相结合;博与专相结合,教学与科研相统一。在教学方法上,高校更多地体现出教师的教和学生的学共同制约着教学过程,通过和谐一致的知识传递,获得最优效果。同时,由于大学生学习的独立性增强,而使师生双方在教学方法上由中学阶段的以教师"教"为主转向学生"自主学习"为主,且其比重将随着年级的升高而日益递增。此外,高校的教学还更多地体现了教学方法与研究方法的渗透和融合,大学的学习,更多的是师生的共同研讨,是实验研究。面对这些不同点,同学们来到大学后,在学习生活中,要尽快地实现观念、行为的转变,尽快地适应大学学习的要求,按照高等教育的规律去愉快地融入大学生活之中。

调整自己，适应中学生向大学生的转变

有的同学认为，拿到通知书，脱下中学衣，穿上大学服，进入大学门，就成了大学生。这种认识并不完全正确，因为它只是形式上成为大学生，与本质所要求的还有很大的差距，把这看作大学生活的开始更为确切。大学与中学前后相继，就像昨天和今天一样，虽说也是两个不同的量，而且可以用"1"来表示其间的差异，但二者相去甚远。虽说高三减高二等于"1"，大二减大一也等于"1"，但这里的"1"仅仅表示量的差异，大一减高三，这个"1"却是关节点，是两种不同的质的界限。大学生应该对这个质和量有着清醒的认识，努力改进原有的学习方法与思维方式，反省个人为人处世的不妥表现，追求那些可以促进个人转变与成长的新的价值观念与目标，探寻与大学生这一光荣称号相适应的成长之路，努力提升自己，从深层次上把握大学生的真实含义。进校伊始，同学们就要牢牢把握五个"更"字，从这五个方面实现由中学生向大学生的转变。

思想更成熟　大学生与中学生最大的不同就是思想上的不同，表现在：积极要求进步成了当代学子的主流，这种主流是经过自己的深思熟虑，经过认真判断而作出的选择。社会对大学生提出了更高的要求，要求同学们学会思考，学会选择，学会判断，学会分辨是非，这既是时代的要求，也是现代教育发出的呼唤。大学生不仅要知道怎么做，更要知道为什么要这样做。要达到这样的境界，就必须要有丰厚的理论知识，做到学习、学习、再学习，认真、认真、再认真。因此，同学们要有稳健的学风、成熟的思想，当好"自己的老板"，对自己的行为以及选择负责，对自己、对老师、对学校、对社会负责。"三思而后行"，在做每一件事时，都要多想一想，这样会带来什么后果，不要"跟着感觉走"，"思想走在行动之前，就像闪电走在雷鸣之前一样"，做到思维指挥行动，而不是以行动指挥思维。

学习更主动　中学时代，学习内容、学习时间、学习要求都由教师耳提面命，学习要手把手地进行。学生只要按照教师的要求完成作业便算完成了任务，不需要自己做过多的思考和安排，这样就使学生依赖性强，独立能力差，缺乏自觉意识和责任感。进入大学，学习环境发生了很大变化。首先，大学教育是专业教育，它更强调培养学生分析问题与解决问题的能力，尤其强调培养学生的创新意识和能力。其次，大学里学习环境优越，图书资料丰富，文化活动丰富，学生的选择性增加。再次，大学教学方法发生了改变。大学教师一般上课时来，讲完课便

走。每次课所容纳的知识量较多,且重复少,教学进度快,有时会与教材有出入,使学生产生目不暇接的感觉。最后,对学习自觉性要求增强,自习时间和内容需要自己决定,无须教师的监督。这一切都要求同学们变被动为主动,培养自学能力,以获得更多的知识。

目标更明确　大学生活使人形成更加明确的人生观与价值观,从而对个人的生活有更加清晰的目标和打算,学生要明确个人生活与职业的定向并加以积极准备。随着年龄的增长与学识的增加,同学们对个人未来的生活方式、事业发展与恋爱婚姻有更明确的计划与安排,需要更好地了解自我及外界的环境与条件,以减少个人决策与行动中的盲目性,避免遭受失败的打击。在这当中,同学们既要积极地听取朋友的意见,又要能对其加以综合分析,独立决策。换言之,既要获取父母、朋友在思想感情上的支持,又不能完全以此来支配个人的行动。既要强调个人的行动,还要提高对不同意见的综合分析能力,借以对个人的学习、生活和事业发展作通盘考虑。从现在做起,既要仰望星空,更要脚踏实地,一步一个脚印,真正做到有所为、有所不为,使目标现实而可行。

情绪更稳定　同学们在中学时一般都容易被家长、教师及周围亲友过多的夸奖与恭维包围着,容易产生自豪感与优越感。当然,也有部分同学因学习基础不好而容易产生自卑心理和焦虑情绪。然而稳定的情绪能使刚进校的同学们避免产生失落感,正确看待身边所发生的事,如理想与现实的冲突等。同学们要通过急剧的角色转变以及个人心智的锤炼,使情感趋于成熟,最终实现情绪的有效自控,这是同学们成长的重要标志之一。

生活更独立　肩负社会历史重任的同学们,告别了紧张有序的中学生活,满怀信心地踏入大学校园,开始了新的生活。大学生活与中学生活不同,大学环境更加宽松和自由,为个人独立生活、独立决策、独立行事提供了良好的训练机会:一来远离父母双亲；二来学校管理较为宽松；三来在经济上有相对独立的操纵权。正是有了这样的环境，刚入校园的学生有了尝试情感自立和行动自立的机会。面对我们的"小社会"，同学们无疑需要学会独立决策、独立生存，并有效利用周围的条件，寻求新的进步和成长。

努力，从现在开始

金色的秋天，美好的九月。每年的这个时节，我们都为迎来新同学而感到十分高兴。因为，有了你们的到来，我们的学校显得更有生机，因为有了你们的到来，我们的校园生活显得更加精彩，你们为镇江高专注入了新的生命和活力。

亲爱的同学们，你们离开了朝夕相处的父母和生活了十几年的家，离开了曾经在一起的中学同学和玩伴，还有的同学千里迢迢地从祖国的四面八方来到了这个全新的环境学习。学校热忱欢迎你们！我们将在一起度过三年幸福美好的学习时光。

同学们怀着憧憬和理想，带着兴奋和好奇，也许有的同学还带着迷茫和高考的遗憾来到这里。此时此刻，我想告诉同学们，你们每个人都是好样的！感谢你们选择了镇江高专！学校也因此有了一份责任，要努力把你们每一个人都培养成社会的有用之才。

对于每一个人来说，大学教育的意义都很重要。然而大学生活可能不会像你想象中的那样完美。有些问题，未必全部能够在大学解决。放在你漫长的人生之旅中来看，大学只是一个阶段起点。如果其中有什么东西不能让你满意，请同学们一定记住不要让它

一起来搜集知识吧！

破坏你积极向上的心态。立足现有的条件不断努力,是明智的选择。希望大家记住南丁格尔的一句名言:"与其诅咒黑暗,不如点亮蜡烛。"

你们也许听说过这么一个故事:

有一对兄弟,家住在八十楼。有一天他们出去爬山,回家的时候,发现大楼停电了。虽然他们背着一大包的行李,但看来没什么选择,哥哥对弟弟说:"我们爬楼梯上去吧!"于是,他们就背着一大包行李开始往上爬。到了二十楼的时候,他们开始累了。

哥哥说:"包太重了!我们把它放在二十楼,先爬上去,等来电了再坐电梯下来拿。"弟弟说:"好!你真聪明!"于是他们就把包放在二十楼,继续往上爬。卸下沉重的包袱后,感到轻松多了,他们一路有说有笑地往上爬。

但好景不长,到了四十楼,两人实在太累了,抬头看,竟还有四十楼要爬。两人开始互相抱怨,指责对方不注意停电公告,才会落得如此下场。他们边吵边爬,就这样一路到了六十楼。

到了六十楼,也许是累得连吵架的力气都没有了,哥哥对弟弟说:"只剩二十层楼了,我们就不要吵了,默默地爬完它吧!"于是他们安静地继续走,终于,八十楼到了!到了家门口,哥哥摆出一个很帅的姿势:"弟弟,开门!"弟弟说:"别闹了,钥匙不是在你那儿吗?"

……

结果,如你所想的,他们把钥匙留在二十楼的包里了!

这个故事其实是在说我们的人生。

二十岁之前,我们活在家人、老师的期望之下,背负着很多压力在走,因为自己不够成熟、不够有能力,因此步履难免不稳。

二十岁之后,我们有独立意识了,于是就卸下包袱,开始全力追求自己的梦想,就这样过了愉快的二十年。

可到四十岁,发现青春早已远去,不免有许多的遗憾和追悔,于是开始遗憾这个,惋惜那个,抱怨公司,抱怨社会,抱怨政府,就这样在遗憾和抱怨中又度过了二十年。

到了六十岁,发现人生已所剩不多,于是告诉自己,不要再抱怨了,就珍惜剩下的日子吧!于是默默地走完自己的余年。

到了生命的尽头,才想起自己好像有什么事还没完成,原来那没有完成的梦想还留在二十岁的那个阶段。

你也是如此吗?想想自己的梦想是什么,最在意的是什么,不要到了几十年后才来追悔啊!希望现在的你,充满理想,充满热情,去做自己想做的事。人生短短几十载,更应该把握现在,因为命运掌握在自己手里。

命运,掌握在自己手中

很久以前,曾经有一位国王,手握一只小鸟,想为难一位智者:"请猜猜我手中这只鸟,是活的还是死的?"这位国王想,如果智者说是死的,他就放飞小鸟,如果智者说是活的,他就一把掐死小鸟。智者答道:"陛下,这只鸟的生死,就掌握在你自己手中。"

同学们也许会问,我来高专究竟能够有多大的收获?答案就是"结果掌握在你自己手中"。当然,老师们也在牵挂着你们的成长,努力不让你们输在进入社会的起跑线上,不让你们的黄金时间白白耽误,不让你们的人格塑造在这里失误。老师们最大的愿望就是,用爱和美来塑造你们的心灵,用智慧和知识哺育你们成长,让你们真正成为高素质、强技能、善创新、可持续发展的有用之才。

其实,在什么地方学习不重要,因为每所大学都有自己的特点,重要的是要学会欣赏,学会用怎么样的心态去面对。加菲猫有句名言:如果你没办法打败你的敌人,就加入他们。如果你没办法改变客观,那就跟着客观走,创造自己的主观价值。苛求越多,失望就会越多。以积极的心态面对所有的困难,对自己的成长过程也是一种锤炼。而如果以消极的态度对抗现实,只能让人消沉和浪费时间。

同学们，心态变，态度也变；态度变，行为也变；行为变，习惯也变；习惯变，人格也变；人格变，命运也变。而决定自己命运的就是你自己。

自信自强，成功者的法宝

自信是一个人生存的最基本要求之一。没有自信，人就会失去希望，失去目标，失去动力，就会消极、颓废、自暴自弃。作为现代人，面对困难，应该自信自强。新世纪是现代化的时代，新世纪的人是现代人。现代人更要有勇气面对困难和挫折。虽然有的同学觉得高考没有发挥好，没有选择到理想的学校，有的同学觉得目前无论是学校所提供的条件，还是自身所具备的基础条件都不能尽如人意，但困难不可怕，既然已经确定了目标，就要努力。

《金融早报》曾登过这样一个故事：成立于 1972 年、以培养世界上最杰出的推销员为目标的布鲁金斯学会，有一个传统，在每期学员毕业时，他们就设计一道最能体现推销员能力的实习题，让学员去完成。克林顿当政期间，他们出了这样一道题目：请把一条三角裤推销给现任总统。8 年间，无数个学员无功而返。克林顿卸任后，他们把题目换成：请把一把斧子推销给布什总统。鉴于前 8 年的失败与教训，许多学员知难而退。然而有一名叫乔治·赫伯特的学员却成功了。他说，布什总统在得克萨斯州农场有许多树，于是就给他写了一封信，说：我曾有幸参观您的农场，发现那儿许多矢菊树已经死掉，木质已变得松软。我想，您一定需要一把小斧头，但是从您现在的体质来看，这种小斧头显然太轻，因此您仍然需要一把不甚锋利的老斧头。现在我这儿正好有一把这样的斧头，它是我祖父留给我的，很适合砍伐枯树……最后布什总统就给乔治汇来了 15 美元。

布鲁金斯学会得知这一消息，把刻有"最伟大推销员"的一只金靴子赠予了乔治·赫伯特。布鲁金斯学会在表彰他的时候说，

世上无难事，
只要肯登攀。
——毛泽东

二、角色转变

金靴子奖已空置了 26 年。26 年间，布鲁金斯学会培养了数以万计的推销员，造就了数以百计的百万富翁，这只金靴子之所以没有授予他们，是因为学会一直想寻找这样一个人：这个人从不因有人说某一目标不能实现而放弃，从不因某件事情难以办到而失去自信。

自信就能飞得更高

宋代著名政治家、文学家王安石在《易家论解》中说："君子之道，始于自强不息。"意思是君子做人的原则，首先是自己发愤图强而不停息。自强是自信的基础和支撑。如果不奋发自强，那自信就是海市蜃楼，就是空中楼阁。自强了人家才能看得起你，才会佩服你，你才有自信的资本。我国代表团在莫斯科参加申奥活动时，为什么那么自信？重要原因就是因为我们的国力强大了，我们国家在国际上的地位高了。有了在自强基础上的自信，就掌握了成功的命门。

公平没有绝对的，只有相对的。一个人如果只是一味慨叹命运的不公，那只能加重自己的创伤。真正的智者和勇者，是把正遭受的厄运与坎坷，当作生活给自己的考验，正视它，努力克服它。也许，努力了未必能改变什么，但不努力肯定什么也改变不了。

自信、自强，需要特别强调的，就是要"从我做起，从现在做起"。《中国日报》

北美发行公司总经理孙玲玲亲身经历的一件事，令她终生难忘。那是美国"9·11"恐怖事件发生过程中的一件事。孙玲玲说，当时她正在纽约世贸大厦33层。当她随着人群走向楼梯口，才发现楼梯已挤满了人，大家走得很慢，但是紧张有序。到了30层，已经基本走不动了。但是，当楼上有担架抬下来时，大家会主动让出一条通道，让伤员先走。楼里工作的盲人带着导盲犬下楼来，大家也给他们让路。这一报道，曾在国内论坛上引起过关于国民素质的小范围的争论：我们能做到吗，像美国人那样？其中有一个很好的回答：不要问"我们"，先问"我"。请记住这个回答。这就是一切从自己做起。我们现在讲自信、自强，同样应当"不要问'我们'，先问'我'"。要问一问自己，我能自信吗？我能自强吗？我应该做些什么？我能做什么？我已经做了些什么？

自信自强，成功者的法宝。同学，请千万不要放弃它！

同学们，当你翻开这本书的时候，就意味着三年的大学生活已经开始了，而明天你们将是我们这个时代最为坚强的中坚力量，学校将以你们为荣！同学们想想，你们是否期待将来的自己和现在的自己必定要有所不同。那么，现在就去做吧！把握现在，记住今天！

三、认识自己，规划我的人生

有一个人永远跟我们生活在一起，这个人就是我们自己——自我。孔子说过："知己者明，知人者智。"我们只有了解自己，接受自己，才有可能是幸福的、健康的。了解自己的长处，我们会清楚自己的发展方向；了解自己的缺陷，我们才会少犯错误，避免去做一些自己力所不能及的事情。大学里，该如何发展自己？毕业后，应该如何规划未来？应该为了什么而奋斗？这是每位同学都必须搞清楚的问题，也是同学们即将面对的问题。然而要真正认识自己也不是件容易的事。

传说在古希腊中部帕尔那索斯山上的阿波罗神庙的门楣上有一句"人啊，认识你自己吧！"的箴言，数千年来，如黄钟大吕，穿越时空，一直在给人类以理性的昭示和警醒。其实，真正地了解自己、认识自己是很困难的，就连古希腊哲学家亚里士多德都说过："对自己的了解不仅仅是最困难的事情，而且也是最为残酷的事情。人，这个奇怪的生灵是在企图永远逃避现实！"

法国文学家巴尔扎克在年轻时办过印刷厂，当过出版商，经营过软木材，开采过废弃的银矿，但所有这些都没有取得成功，反而弄得自己债台高筑。这不能不说与他缺乏自知之明、不能正确地认识自己有关。后来，他终于发现了自己的写作天赋，于是潜心写书，终于成为一代世界文豪。当然，年轻时丰富、坎坷的生活体验，对巴尔扎克的小说创作肯定有很大的影响。没有早年的生活体验，巴尔扎克也就不可能写出《人间喜剧》这部"人生的百科全书"。但我们要强调的是，一个人的时间和精力有限，我们不可能把所有的生活都体验一遍，然后再挑选一个最适合自己的位置。我们一定要在尽可能短的时间内找到最适合的位置，充分地发挥自己的才能。伟大的人物之所以成功的秘诀，就在于认识自己，并以此为出发点，最大限度地寻找自己的最佳人生位置，设计和塑造自己。

高尔基说过："一个人追求的目标越高，他的才能就发展越快，对社会就越有益。"目标是激发人的积极性、产生自觉行为的动力。人一旦没有了生活目标，就会意志消沉、浑浑噩噩。同学们正处在富于理想、憧憬未来的青年时期。但你们中大多数人只把考上大学作为中学学习奋斗的目标，对大学生活乃至人生缺乏长远的规划。升入大学,中学阶段的目标已经实现,有的同学认为,大功告成,可以松口气了。有的甚至把"混文凭"作为学习目标,满足现状,不思进取,使刚刚开始的大学生活缺乏驱动力。因而,这些同学可能会感到生活茫然、空虚、枯燥、乏味。这种现象的出现,主要是没有及时树立新的学习生活目标所致。因此,同学们在正确认识自己后需要尽快熟悉大学生活,树立新的奋斗目标。

有一年,一群意气风发的天之骄子从美国哈佛大学毕业了,他们即将走上各自的工作岗位。他们的智力、学历、环境条件都相差无几。临出校门,哈佛对他们进行了一次关于人生目标的调查。结果是这样的:

27%的人,没有目标;

60%的人,目标模糊;

10%的人,有清晰但比较短期的目标;

3%的人,有清晰而长远的目标。

以后的25年,他们在自己的岗位上工作着。

25年后,哈佛再次对这群学生进行了跟踪调查。结果是这样的:

那3%的人,25年间他们朝着一个方向不懈努力,几乎都成为社会各界的成功人士,其中不乏行业领袖、社会精英;

那10%的人,他们的短期目标不断实现,成为各个领域中的专业人士,大都生活在社会的中上层;

那60%的人,他们安稳地生活与工作,但都没有什么特别的成绩,几乎都生活在社会的中下层;

剩下的27%的人,他们的生活没有目标,过得很不如意,并且常常在埋怨他人、抱怨社会、抱怨这个"不肯给他们机会"的世界。

其实,他们之间的差别仅仅在于25年前,他们中的一些人知道要做什么,而另外一些人则不清楚或不很清楚。

三、认识自己,规划我的人生

拿破仑在《思考与致富》一书中写道:"一个人做什么事情都要有一个明确的目标,有了明确的目标便会有奋斗的方向。"这样一个常识性的问题看起来简单,但是具体落实到某个人头上,可能就不那么容易了。聪明的人,有理想、有追求、有上进心,一定都有一个明确的奋斗目标,他懂得自己活着是为什么。因而他的所有努力,从整体上来说都能围绕一个比较长远的目标进行,他知道自己怎样做是正确的有用的,明白人只有有了奋斗目标,生活才显得充实、有意义和快乐。

有一老一小两盲人相依为命,以弹琴为生。有一次,小盲人问老盲人:"我什么时候能见到光明?"老人想了会儿告诉他:"当你弹断 100 根琴弦的时候,你就会见到光明。"少年信以为真,把弹断 100 根琴弦作为自己为之奋斗的目标。他弹呀,弹呀,每天生活过得十分充实,盼着见到光明的那一天。当他弹断第 100 根琴弦的时候他也老了,但是他并没有见到光明,但他早就悟出了老盲人的意思。他从内心感谢老人的良苦用心,让他的生活因为有目标而过得如此充实和快乐。有一天,一个小小盲人也问他同样的问题,他不假思索地告诉这个小盲人:"孩子,当你弹断 101 根琴弦的时候,你就会见到光明!"

这个故事,使我们想起作家史铁生的一句话:"一个人的心中一定要有一个吸引你走完人生之路的金苹果!"

当然,我们的目标应该是实际的、专一的、特定的和长期的。其实,树立了奋斗目标,就给你注入了强大的前进动力,使你坚定信心朝着既定目标迈进,使你不受外界的干扰和左右,即使遇到艰难挫折也决不后退。理想与目标能使你培养起坚强的意志,战胜自己的惰性,排除千难万险,更加勤奋更加努力;能使你凝聚全力,激发潜能,事半功倍,快速地提升自己。

人生发展,重在规划

职业规划对今天的大学生来说尤其重要。事实上,任何一个人要过一个有意义的人生,都应进行职业生涯规划。

所谓职业生涯,是指一个人一生的工作经历,特别是职业、职位的变动及工作理想实现的整个过程。而职业生涯规划则是指在一定的家庭和社会环境中,设计并实现个人合理的职业生涯,对自己一生中所承担职业或职务历程进行预期和计划。它是在自己人生理想引导下连续的职业、职位变动过程,在这个过程中,同样有学业计划,学业计划须与职业规划融为一体,职业生涯规划过程,就是一个人通过学习与工作,并平衡学习、工作、生活的关系,以此完善人生、实现人生理想的重要过程。

职业生涯规划是帮助同学们解决职业生涯中"四定"的有效途径。"四定"指定向(确定职业方向)、定点(确定职业发展的地点)、定位(确定自己在职业人群中的位置)、定心(稳定自己的心态)。同学们通过对自己职业生涯的规划,可以充分认识自己职业发展的方向,科学树立发展目标,避免学习的盲目性和被动性;尽早确定自己的位置,避免"高不成低不就";有利于寻找差距,并采取有效的方法,按照自己的目标和理想有条不紊、循序渐进地努力,不断提高综合能力;促进同学们在发展智商的同时主动培养情商,保持平常心,培养克服困难和阻力的恒心和毅力,使自己具有更强的职业竞争力,从而能够理智地做出职业决策,这样才有可能获得职业生涯的成功。

如何进行职业生涯规划

这也不是什么复杂的事情,只要对自己有个清楚的认识,加上科学合理的分析,掌握一定的方法,就可以为自己铺就一条通往成功的大路。

下面是有关五个"W"的归零思考的模式,大家不妨一试:

Who am I? (我是谁?)

What do I want? (我想干什么?)

What can I do? (我能干什么?)

What is available? (环境支持或允许我干什么?)

What will I do? (最终我要干什么?)

回答了这五个问题，你的人生目标或职业生涯规划是不是就有点眉目了。

全面了解自我　一个有效的职业生涯规划，必须是在充分并且正确认识自身条件的基础上进行。自身条件包括兴趣、特长、性格、学识、技能、智商、情商、思维方式、道德水准等方面的主要优势和劣势。对自我了解越透彻，就越能做好规划。只有认识了自己，才能做出正确的选择，才能选定适合自己的职业发展路线，才能对自己的职业生涯目标作出最佳抉择。

"知己"更要"知彼"　环境允许你做什么？毫无疑问，环境因素对个人职业生涯发展的影响是巨大的。作为社会生活中的个体，任何人都不能离群索居，都须生活在一个特定的组织环境中，环境为每个人提供了活动的空间、发展的条件和成功的机遇。在学业方面，社会环境影响你在大学里能做什么，不能做什么，能学什么，不能学什么，从而影响你能力的拓展。在就业方面，社会大环境的影响肯定比较大。探索外部环境有助于我们弄清环境对职业发展的作用及影响，有助于更好地进行职业目标的规划与职业路线的选择。如有些同学在学业方面想进一步深造，在大二和大三可以参加"专转本"考试（具体资料可以在校教务处网站 jwc. zjc. edu. cn 查询），也可以参加"专接本"考试（继续在校参加其他大学的本科阶段的专业学习，具体资料可以在校成教院网站 cjc. zjc. edu. cn 查询）。

制订行动计划　知己知彼后，我能够干什么的答案就不难得出了。下面的事情就是制订切实可行的行动计划与策略，撰写求职简历、应聘面试、工作、参加组织培训教育、构建人际关系网、谋求晋升以及跳槽换工作等，都可以看做职业生涯策略。如，在工作方面，你计划采取什么措施来提高自己，在业务素质方面，你计划如何提高自己的业务能力，在潜能开发方面，采取什么措施开发自己的潜能等，这些都要有具体的计划与明确的措施，而且这些计划要特别具体，以便于自己定时检查。

行动是关键　在确定职业生涯目标和制订行动计划后，行动便成了关键环节。没有相应的行动，就不可能实现目标，也就谈不上事业成功。

确定了自己的目标之后，不管是短期的工作、学习目标，还是长期的人生目标都应该立即行动起来。世界上有许多事情，看起来高不可攀，但做起来并没有想象的那么困难，这里的关键问题就是"动"还是"不动"。动起来，能量就会随着事态的发展而不断迸发出来，以至势不可挡；不动，自身的能量开发就几乎等于零。

火车头停在铁轨上，为了防滑，只需在它的 8 个驱动轮前面塞一块一寸见方的木块，这个庞然大物就无法动弹。然而，一旦这个巨型火车头开始启动，这小小的木块就再也挡不住它了。当它的时速达到 100 公里时，一堵 5 尺厚的钢筋混凝土墙也会被它轻而易举地撞穿。

从一块小木块令其无法动弹，到能撞穿一堵钢筋水泥墙，火车头的威力变得巨大无比，许多令人无法想象的障碍也会被轻松突破，当然，前提是必须行动起来。只知道浮想，如同停在铁轨上的火车头，那就连一块木块也无法推开。

做一件事情，只要开始行动起来，就已获得了一半的成功。同学们，认识你自己，确立你的奋斗目标，快快行动起来吧！

诚然，一个好的目标往往要与繁琐的日常生活相结合，这种生活才真正有了精神寄托。于是，你会觉得，没有一份工作或小事卑微到不值得好好去做。

有一个小和尚在一座名刹担任撞钟之职，照他的理解，晨昏各撞一次钟，简单重复，谁都能做，钟声仅代表寺院的作息时间，没什么大意义。半年下来无聊之极，于是"做一天和尚，撞一天钟"。有一天，住持宣布调他到后院劈柴挑水，原因是他不能胜任撞钟之职。小和尚很不服气："我撞的钟难道不准时，不响亮？"老

三、认识自己，规划我的人生

住持告诉他说："你的钟撞得准时也很响，但是钟声空泛、疲软，没什么意义。因为你心中没有领悟'撞钟'这项看似简单的工作所代表的深刻意义。钟声不仅仅是寺里作息的准绳，更为重要的是要警示众生。为此，钟声不仅要洪亮，还要圆润、浑厚、深沉、悠远。心中无钟，即是无佛；不虔诚，不敬业，怎能担当撞钟工作呢？"

俗话说"计划赶不上变化"，影响职业生涯规划的因素很多，有的是可以预测的，而有的是难以预测的。在此状况下，要使职业生涯规划行之有效，就必须不断地对职业生涯规划进行评估与修订。成功的职业生涯规划需要时时审视内外环境的变化，并且调整自己的前进步伐。目标的存在只是为你的前进指明了一个方向，而你是它的创造者，你可以在不同的时间和不同环境下更改它，让它更符合你的理想和追求。

四、校园新天地，我们快乐地生活

同学们来到镇江高专，这里是个陌生的环境，大家可能会产生某种程度的不适应，这是正常现象。对于新生来说，突然面对许许多多变化，自然需要有一个适应过程。

转变意味着变化，而变化意味着从低级向高级的提升。这种提升不是自然而然完成的，而是要作许许多多的准备，它既包括心理的、思想的、意识的准备，也包括技能的准备。要顺利实现从中学生状态向大学生状态的转变，就必须对这两种状态作认真的对比分析。分析不仅仅是量的分析，更重要的是质的分析，分析大学所含的本质以及对大学生所提出的林林总总的要求。尽管对大学的新状态的认识会因人而异，但每个人的认识都会有共性。进入大学，新生们会面对各种各样的挑战，既有智力的也有非智力的。智力的有学习方法、时间安排、作业考试等，非智力的有人际关系、情绪控制、自我设计、择业定向等。面对这些挑战，除了要认真审视自己外，更重要的是要明白社会对你的要求。请同学们记住：你已经不是一位中学生，而是一位大学生；你已经不是天真烂漫、充满幻想的少年，而是一位富于理想、趋向现实的青年；你读书的直接目的也不再是为读书而读书，而是向着更高的目标挺进。转变就成了刚进入大学的莘莘学子的头等大事。

调整自己，愉快适应新的生活环境

同学们在入学之前，多数居住在家里，部分寄宿在学校里。从小学到中学，都有一些从小在一起的同学，长年相处的老师、班主任。熟悉的性格、共同的语言、相同的习俗，构成自己所熟悉的环境。跨进大学，周围的人来自全国各地，素昧平生，陌生的校园，陌生的人，这一切都使同学们产生一种生疏感。从依赖性的家庭生活走向独立性的集体生活,尤其是远离家乡,耳闻的全是异地口音,目睹的全是他乡的事物,思念父母亲人的心情特别强烈。这对那些平时依赖家庭的学生来说,是极不习惯的。"每逢佳节倍思亲",感到孤独时,许多人就用电话、网络、串老乡、说闲话、逛大街来解脱内心的苦闷,茫然之中,失去了许多大好时光。

大学集体生活改变了原来的生活习惯,内心惶恐不安,出现了心理上的"断乳期"。这种因不适应大学生活环境而出现的不安、苦闷和孤独感,几乎在所有的新生中都有所反映。但由于每个人对环境变化的认识不同,应变能力强弱有别,因而出现了态度和行为的不同。

对客观环境适应强的同学,随着环境的变化,很快就从不适应阶段过渡到适应阶段。他们进入大学后,踌躇满志,渴望成才,学习上能独立思考,生活上不依赖他人,而且能很快地在新环境中找到自己的知心朋友,而新的友谊的建立反过来又使他们产生归宿感和稳定感。这部分同学有较强的自控能力,能够排除各方面的干扰,在新的环境里能够比较快地步入学习和生活的正轨。对客观环境适应差的同学,往往要经过很长时间的反复体验才能逐渐适应。如何能尽快地摆脱新环境带来的困惑与不适,进入正常的学习生活呢? 建议同学们从以下几方面入手。

调整心态,平等相待 从一家一户一人一个房间的生活到几人一个宿舍的集体生活,要想过上快乐、舒心的日子,还得靠大家一起努力。首先要明确,自我中心主义是集体生活的大忌,必须坚决摒弃。相信有不少同学都是独生子女,在家爷爷奶奶、外公外婆宠着,爸爸妈妈爱着,人人都视自己为掌上明珠,事事都以自己为中心。但你要想到,你是你家里的宝,其他同学又何尝不是,所以不能要求别人事事迁就你,要学会尊重、包容、忍让,关心他人,这是你成长必经的一课。倘若你不随环境的变化而变化,把家里养成的骄傲与娇气在新环境中重现,听不得半句不同意见,容不得半点批评,那将很难与其他人共同生活。因此,克服"骄娇"二气、加强沟通、维护团结、尊重他人、平等相待、和睦相处就是同学们融入集体生活的关键所在。

学会尊重,和睦相处 要想别人尊重自己,先要学会尊重别人。大家都是同学,是完全平等的个体,不能因为家庭财富、民族籍贯等方面的差异而轻视任何一个宿舍和班级成员。特别是宿舍内有家庭经济贫困的同学、少数民族同学时更要注意,这些同学通常会比较敏感,同室舍友在言谈举止上要多留心,避免给别人造成不必要的心理负担。

学会宽容,开阔心胸 带着不同的文化、不同的思想、不同的风俗习惯、不同的方言和不同的行为方式,大家走到一起,共同沐浴着校园明媚的阳光。刚开始时,日子一定会是很开心。一段时间之后,新鲜感、好奇心渐渐消退,彼此相识和了解了,求同会越来越难,差异会越来越明显。有人喜欢晚睡,有人喜欢早早休息;有人喜欢安静,有人喜欢热闹,而这些性格习惯相反的人有时偏偏又会置身于同一宿舍内。时间一长,随之而来的是矛盾和不满,有时,一件小事都会成为摩擦的导火线。怎么办? 在这种多元的环境中,要学会宽容。真正做到对人宽,对己严,千万不要因一时冲动起冲突。

学会互助,其乐融融 每个人都会有遇到困难,有需要他人帮助的时候。生病时需要照顾,考试成绩不佳时需要安慰,失恋时需要人开导……大家都是离家在外的孩子,互相伸出温暖的手,让离家的日子不寒冷。

学会友爱,珍惜缘分 中国人向来有"缘分"一说,大家由天南海北聚到这个小小的班级或宿舍,这确实是一种难得的缘分。大家还要一起度过人生中极其宝贵的三年时光,有太多的理由叫我们应该好好珍惜这份缘,用心用爱去相处,你会多几个兄弟或姐妹。

主动招呼,增加好感 为了有个愉悦的生活环境,建议同学们在平时的生活中,做到三主动:主动与同学打招呼,主动和同学讲话,主动帮助别人。在帮助别人的时候,不要过于计较别人能不能、会不会报答你。要主动去参加一些公共的活动,以增加同学们对你的好感,同学间的关系也就会融洽了。

学会沟通,注意方法 在给同学提意见的时候,必须动脑筋,讲究方法和技巧。比如,同宿舍的人爱彻夜卧谈,影响了大

忍一时风平浪静,
退一步海阔天空。

家的休息。直接提意见制止他们难以奏效，那么可以相应的调节自己的计划，或推迟上床的时间，或听听英语磁带。需要注意的一点是，给别人提意见一定不能当着众人的面，以免使对方难堪、丢面子。

融入集体，承担责任　大学的班级与中小学的班级不同。没有固定的教室，上课就像打游击，上完一门换一个教室；班内同学来自全国各省市，不再像中学时大家都是同乡或近邻；班主任不会跟前跟后，如果他（她）没有担任你所修读课程的任课老师，那你见到他（她）的次数不会太多。有个别同学因为不适应大学这种新的班级模式，或者是过度留恋中学班级和同学，难以融入新的班集体，这样对于自身的发展其实是有消极影响的。无论着眼于现在，还是放眼看未来，良好的班级关系都是必需的。为此，建议同学们要积极参加班级活动，在活动中相互了解，增进感情。当需要你为班级出力的时候，一定要挺身而出。例如校运会、班级文艺演出等，千万不要因为怕苦怕累，甚至是不想"抛头露面"而拒绝，作为班级的一员，对班级要有一种责任感。在你为班级荣誉而战的时候，会收获掌声与欢呼声，而你也会为自己的行为感到自豪。如果你有幸成为班委的一员，一定要团结其他班干部共同做好班级的建设工作。班主任、辅导员事务繁多，一般只能履行指导、建议的职责，真正班级的组织、管理、维护等各项工作其实是落在班委的身上，班委就是班级的核心，是全班同学的领导者和服务者。大学里一个班级的团结与否，常常是班委起着决定性作用。班委要做老师、系部和同学之间的"桥梁"，管理班级日常学习生活中的各项杂事，组织开展班级活动……总之一句话，班委的工作远非想象中那么轻松，他们默默为同学们做了很多事，如果还得不到同学们的支持和配合，怎能说得过去呢？

"好的开始是成功的一半"，这句话用在大学班级建设上恰如其分。由于大学是一个开放的环境，学生的自主独立意识逐渐增强，如果没有在大一开始时就形成团结的班集体，同学们没有归属感，那班级越往后走会越松散。所以每一位新生都应该有集体意识，以实际行动促进班集体的团结。一个成功的大学班集体必然是团结的，班级的凝聚力会让每个身在其中的同学找到归属感，就像一首歌唱到的那样："因为我们是一家人，相亲相爱的一家人。"

同学们积极行动起来，面对现实，把握现在，愉快地走进大学生活吧！

人际新环境,我们友善地交往

当今社会是一个合作竞争的社会,心理的调适、信息的沟通、各种不同层次需求的满足、人际关系的协调,都离不开人与人之间的合作。一位哲人说过,人生的美好是人情的美好,人生的幸福是人际交往的丰富。随着同学们生理和心理的逐渐成熟,交往的需要日益迫切,尤其在进入新的环境后,大家有迫切适应新环境、结识新朋友的需要,渴望交往成为同学们人际交往的一个主要特点。通过与老师交往,与同伴交往,诉说自己的喜怒哀乐,可以增进彼此之间的感情,给自己带来安全感和归属感,提高自信和自尊,增强战胜困难的信心和勇气。积极的人际交往将使同学们心灵的天空变得晴朗起来。

1. 大学生人际交往常见问题

根据观察,同学们来到学校后,由于缺乏生活经验,往往会导致大家对人际交往的重要性认识不够,在交往中出现一些问题。

害怕交往 在班上或在校园里,你会发现,有的同学害怕与人直接的目光交流,尤其是遇到老师或异性。他们经常认为别人都比自己"好",感到很自卑,不主动与人沟通。时间久了,别人无法很好地去了解他们、关注他们,忽视了他们的要求,缺少了沟通。这就导致这些同学产生交往障碍,严重的可导致社交恐惧症。

"拒绝"交往 在学校里可能还有这样一些同学,他们既聪明又漂亮,家境又好,是上帝的宠儿。但是,他们朋友不多,与人相处时,要么自高自大,瞧不起别人;要么以自我为中心,没有集体意识,做事全凭自己好恶;要么缺乏宽容,为一点小事就与别人闹得不可开交;有问题都是别人,仿佛他们永远是真理的掌握者。"我最好"这是他们共同的自我认知,不尊重交往对象是他们不能与人沟通的根本原因。

不会交往 有这样一些同学,他们与人交往时,书生气十足,语言生硬木讷,内心的感情表达不恰当。这其中有的是不懂交往中的"第一印象"的重要性，不注意交往方式，在劝说别人、批评别人、拒绝别人时不讲方法。如有些同学在与人沟通过程中，开玩笑不分场合，不注意保护别人隐私，不懂得给别人留面子，这些行为都有损自身形象，不利于同学间进一步的交往。

"高期望"交往　刚进入大学的新生对人际交往的要求往往是理想化的，以友谊的理想模式为标准来衡量生活中的人际关系，导致高期望值与高挫折感并存。这些同学常常回忆过去，对现实的人际沟通表现出强烈不满。这其中有一部分同学是被动型的，总期望别人主动来与自己沟通、主动来关心自己；有的是拿朋友当拐杖，需要时用，不需要时扔，这样的交往一般持续时间不会很长。

2. 人际交往的基本原则

如何克服以上问题，正确交往呢？下面几条原则供同学们参考。

平等交往，尊重他人　平等主要是指双方交往态度上的平等。在交往过程中，每一位同学在人格上都是平等的，没有高低贵贱之分，绝不能因同学之间的出身、长相、经历、成绩等方面的差异把人分为三六九等。坚持平等交往的原则，就是要正确认识自己，不要光看自己的优点而盛气凌人，也不要只见自身弱点而盲目自卑。尊重他人就是尊重他人人格、习惯、情感和价值，在人际交往中尤其要注意尊重的原则，不损伤他人的名誉和人格，承认或肯定他人的能力与成绩，在帮助别人时要尊重他人的自尊心，助人的方式很重要，对于敏感或要强的人尤其重要。

真诚热情，讲究信用　真诚能使交往双方心心相印，彼此肝胆相照，真诚能使友谊地久天长。在人际交往中，热情能给人以温暖，能促进人的相互理解，能融化冷漠的心灵。因此，待人热情是沟通人的情感，促进人际交往的重要心理品质。在交往中，要做到热情关心，对朋友的不足和缺陷能诚恳批评，做到赤诚待人、襟怀坦荡。在交往中，还要讲究信用，做到言必信，行必果。做事情要量力而行，承诺别人之后，不管多难也要做到，假如经过再三努力而没有做到，就要坦白地说清缘由。

互惠互利，乐于助人　互利是指交往双方在满足对方的需要时，又得到对方的报答，双方的交往关系因此能继续发展。互利性越高，交往双方关系就越稳定密切。在交往中不能只想着自己的利益，而是要多为别人着想，多做对人对己都有用的事。要与人为善,乐于帮助别人,同时又要善于求助别人。别人帮助你克服了困难,他也会感到愉快,从而促进情感的进一步交流和沟通。

宽容大度,互相包容 宽容是指交往双方在生活中不触及原则性的事情上不斤斤计较,在保持自己原则的前提下最大限度地宽容对方。同学们大多是独生子女,个性较强,彼此之间接触真实密切,不可避免地会产生矛盾。因此,在交往中不要斤斤计较,而要谦让大度、克制忍让,不计较对方的态度,不计较对方的言辞,要勇于承担自己的行为责任,做到"宰相肚里能撑船"。在交往时相互容忍,要善于结交不同类型的朋友,提高自我,完善自我。

3. 人际交往中的影响因素

踏入学校大门,同学们就面临着一个新的交往环境,要与许多素不相识的人相识相交了。心理学的研究发现,人际交往是有规律的,人们能走到一起成为朋友是因为互相吸引的缘故。那么,影响人际交往的主要因素有哪些呢?

距离远近或空间差别因素 距离远近是人际交往过程中首先起作用的因素,它直接影响着人们交往的频率。空间距离越近,人们的交往机会就越多,交往的频率就可能越高,就越容易形成密切的关系。反之,人们交往的机会越少,交往的频率就可能越低,人与人之间的关系也就可能越疏远。如在同一个学校里,同班同学的空间距离近,其交往的机会就多,感情距离也就容易接近,关系一般也就容易和谐。而在同班同学中,同桌又是首先交往的对象,其空间距离更近,交往的机会更多,感情距离也就更易拉近,关系一般也就更容易融洽。

态度相似性因素 态度的相似性就是人们对事情的看法一致性和采取行动相像性。态度的相似性是建立良好人际关系的基础,它直接决定着人际交往的频率。研究表明,如果人与人之间有着共同的理想信念、人生观、价值观以及共同的爱好、兴趣等,在工作和生活中,就容易有共同语言,就容易产生共鸣,感情也易于交流,相处也比较融洽。相反,相处就非常困难。如在一个班集体里,由于同学间的人生观、价值观、兴趣和爱好的差异,就会形成不同的小团体。

需要互补性因素 需要和满足的期望是推动人们相互交往的根本原因,也是人际关系的动机和目的。良好人际关系的形成取决于交往双方彼此满足需要的方式和程度,如果交往双方的基本需要都能从交往过程中得到满足,其人际关系就会密切、融洽。如果只有一方的需要能从交往过程中得到满足,其人际关系就难以持久,更不会密切和融洽。如果双方的需要均不能在交往过程中得到满足,人际关系就更加难以维持,双方对交往就会失去兴趣。如果双方的需要在交往的过程中受到了损害,彼此之间就会产生排斥和对抗,人际关系就会紧张。

交往频率的因素 交往的频率是指人与人之间相互接触次数的多少。在一般情况下,人与人之间或由于空间位置的接近,或由于工作的需要,相互之间交往的频率就可能高。交往的频率高,彼此增进了解的机会就多,也就容易产生共同的经验、共同的感受、共同的语言,就容易形成密切和谐的人际关系。同时,由于人们交往的频率高,朝夕相处,耳濡目染,也可以使人与人之间的态度取得相似,"近朱者赤,近墨者黑"就是这个道理。

个性特征因素 个性特征因素是影响人际交往的重要因素,由于个性特征的不同,人际交往建立的程度和深度也往往呈现出较大的差别。以气质而论,多血质的人,活泼好动,反应迅速,喜欢交往,性格外向,容易建立人际关系。胆汁质的人,直率,热情,精力充沛,性格外向,也有利于人际交往的建立,但由于这种人容易急躁,草率,也可能会使人际关系受到伤害。黏液质的人,沉稳,自制,忍耐,注意力集中,最容易与人相处,但是由于其性格内向,不善交流,会影响人际交往的广度与深度。抑郁质的人,孤僻,沉默寡言,性格内向,最不容易建立人际关系。除此之外,能力的强弱、性格的差异,也都会不同程度地影响着人际交往的程度。

仪表的魅力因素 人的仪表是交往过程中的直观因素,它在人际关系中起着重要作用,特别是初次交往的时候,它决定着"第一印象"的好坏。一个仪表堂堂、举止文雅、端庄的人常常可以给人以良好的"第一印象",而那种不修边幅、举止粗俗的人则只能给人留下不好的印象。"第一印象"好,交往就可能继续;反之,交往就可能终止。因此,如果第一次交往能给对方以良好的感觉,就为继续交往奠定了良好的基础。不过,随着时间的推移,仪表在人际关系中的作用将会越来越小。这是因为,人们所追求的不单单是外在美,更重要的是追求心灵美,而心灵美只能在多次接触中才能被感知。所以,一旦心灵美被感知,其仪表如何就无足轻重了。

在人际交往的过程中,除了上述因素外,一个人的能力、特长、职业、收入、经济背景、性别、籍贯、政治地位等,也都会不同程度地影响着人际关系的建立,尤其是在现实生活中,影响人际关系建立的因素很多,也导致了人际关系的复杂多变。但不论人际关系如何复杂多变,人际沟通都十分重要,因为它是人际交往的重要手段。要成为成功的沟通者,同学们还应掌握人际沟通的技巧。

4. 人际沟通的技巧

古罗马哲学家塞罗说过这样一句话:假如一个人独自升天了,他看到了宇宙的大观,他看到了群星灿烂,但他并不会感到快乐,他必须找到一个人,述说他所见的奇景,他才会快乐。人际沟通是一门科学,需要掌握一定的方法,了解一定的规律;人际沟通是一门艺术,想做一名成功的沟通者,需要掌握沟通的技巧。

学会倾听 在现实生活中,会倾听的人更有好人缘。该怎样提高"听力"呢? 要注意以下四点:一是真诚关注,不仅要听对方说的话,还要注意对方的表情和神态,设身处地才真的能听懂;二是话要听全,要耐心,不要急着下结论,确定对方说完了再发表意见,免得弄错;三是切勿多话,经常插话会使我们漏掉很多对方说的重要内容,而且太多的话也会使交谈难以继续;四是适当回应,用眼神、表情适时地作出回应。

倾听是沟通的有效法宝,几乎所有的人都喜欢听他讲话的人。倾听是理解的前提,通往心灵的大道是人的耳朵,认真听人讲话就是对对方的极大尊重,表明你很看重对方的观点。这样就迈出了增进友谊的第一步。

四、校园新天地,我们快乐地生活

学会诉说　一是明确表达心愿。东方人表达含蓄,西方人表达直接,但不管采取哪种表达方式,都必须知道自己要说什么,什么情境说,是在对谁说,应该怎样说。这就要求语言表达要简洁、清晰、明确,注意语音、语调、语速、沟通的场所等。同学们切记:直接表达的话应该在适当的时间、恰当的气氛、合适的对象面前进行,要根据不同的对象把握言谈的深浅度,根据不同的场合把握言谈的得体度,根据自己的身份把握言谈的分寸度。

二是善于表达感激。学会感激,别人也会回报;学会感激,自己也懂得了珍惜。很多人不是不想表达感激,只是不知如何表达。还有的人充满感情的话却让人听后不自在。同学们切记:表达感激不是表面文章,感激要发自内心,真诚地说句"谢谢",也许会比那些空洞华丽的话语更让人感动。

三是真诚赞美对方。良好的人际关系是从赞美开始的。美国心理学家威廉·詹姆斯说:"人类本性上最深的企图之一是期望得到称赞,渴望赞美是深藏于人们心中的一种基本需求。"如果我们能够发觉对方的优点,进行真诚的赞美,他会乐意与你多交往。同学们切记:赞美要适度,要具体。

四是恰当使用拒绝。在人际沟通中适当地拒绝也很重要,毕竟每个人的能力有限,爱好也各不相同,如果一味地迎合对方,就会使交往变成一种负担。有些同学在和朋友交往中,碍于情面,对朋友要求的事不好意思拒绝,而自己又做不到或不愿做,给自己造成了不必要的压力。其实,直接清楚地说出自己的难处,求得对方的理解就是很好的办法,但要注意语言要委婉巧妙,尊重对方,这样不仅不会失去朋友,反而让人觉得你诚实可靠,你的朋友会越来越多。

五是成为幽默大师。幽默是一门艺术,是交往中的润滑剂,当在交往中出现尴尬局面时,幽默的语言可以调节气氛,化解怨气。幽默的人往往是很有吸引力的。

六是避免直接批评、责怪和抱怨别人。同学们喜欢争论,有的同学心直口快,认为真诚坦率地直接指出对方不足是在帮助人。其实直接批评、责怪和抱怨别人会使他人的自尊心和自我价值感受损,尤其是面子上感到难堪。有时候只要稍稍改变一些方法,变直接批评、责怪和抱怨为间接的暗示和提醒,效果会好得多。

非语言技巧　根据心理学的研究发现,当语言信号和非语言信号不一致时,人们相信的是非语言信号所代表的意思。借助表情,我们才能察言观色。人们可以口是心非,但很难随意控制目光。如果缺乏目光交流,沟通的难度是很大的。所以，还要注意一些非语言的沟通技巧。一是态度诚恳。无论对待什么样的交往对象，都应该坚持平等的态度，诚恳坦率，一视同仁。在与人沟通时，要端庄谦逊，充分显示自己的诚挚之心。同学之间坦诚相待，积极合作，遇到矛盾时，委婉地表达自己的意见，会产生意想不到的效果。二是举止文明。行为举止是交往风度的基本要求，是人际间沟通思想感情的重要手段。朴素大方、温文尔雅的行为能正确地表达自己的良好愿望，粗俗不雅的举止则令人生厌。适度的交往距离使彼此心理上都感到舒适坦然，过度亲热或冷淡则容易引起对方的误会。

这些技巧，需要同学们在生活实践中慢慢体会，只要用心交往，真诚交往，同学们的人际沟通能力一定会不断提高！人际交往能力也一定会不断提升！

做一个文明守纪的大学生

大学是一个比较独特的组织和社区，大学的纪律和制度对于学校各种机构的正常运行，对于同学们的学习、工作和生活秩序的保障起着关键性的作用。有着100多年历史的《罗伯特议事规则》开篇即有罗伯特将军的名言："一旦离开了规则，每个人都自由行事，结果将是每个人都得不到真正的自由。"因此可以说，每一个同学每一天的生活都离不开纪律。没有纪律，谁的自由都得不到保障。例如，上课时，手机乱响，课堂就可能像菜市场，谁也听不好课；图书馆借出的书，若不按期归还，大家都看不了几本书；饭堂里买饭不排队，互相拥挤，费时费力；考试时有人作弊，就不可能有公平的竞争；球场上没有红牌、黄牌，球赛最后可能演变成"拳击赛"……

如果同学们都不去自觉遵守，谁都来破坏制度，那么如何保护课堂纪律？如何保障安静的学习氛围？如何保护学校优美的环境？要享受好的学校环境，享受好的班级氛围，享受宿舍的温馨，那么请遵守：不随意丢弃废弃物，不在校园内边走边吃零食，

四、校园新天地，我们快乐地生活

用餐主动排队,用膳后主动收拾桌面,认真整齐做操,升国旗时放声唱国歌,主动向老师问好,上课不迟到……若要人格更高尚一些,请做到:主动捡起地上的废弃物,主动帮助学习有困难的同学,主动做好环境卫生,主动关掉室内多余的灯光……我为人人,必将产生另一局面——人人为我,那么,我们的学校何尝不能成为一个温暖的家?这个家也将成为每位师生向往的精神殿堂!

对于刚入校的同学来说,适应与转变的首要任务,就是要认识与了解在大学这一全新环境里的价值取向与行为规则。而学校的纪律则是同学们所在大学的主流价值取向与行为准则的集中体现,即学校提倡什么,反对什么,许可什么(即不反对也不提倡),这为同学们确立自己的目标、调整自己的行为提供了十分重要的信息。

1. 了解大学生活中的"禁区"

尽管大学有着广阔的空间,也给予了同学们非常大的自由度,但学校里仍然有许多特殊的要求,如高等院校一般都禁止学生在校打麻将,更不允许赌博,否则会给予处分。当然,学校各种纪律中的"禁区"还不止这些。同学们应认真学习《学生手册》中《镇江高专学生纪律处分规定》,尽快地去了解这些"禁区",可以使你不用通过"试错"就能得到宝贵经验,避免踏入"误区"、"禁区"而遭受挫折。

我们学校每年几乎都有同学因这样或那样的违纪行为而受纪律处分,其中不少人是因为对学校纪律不了解和不重视。因此,同学们应对此引起高度的重视。

2. 不能触碰校园"高压线"

同学们,在这个校园里,你们究竟要选择怎样的道路,没有人可以阻挡你们,也没有那么多人会花时间来围堵你们。即使是班主任老师或是系领导也只能是拿他们的经验来提醒你们,你们能否接受、理解,由你们决定,因为你们已经成年。很多东西,老师不会强求,不会压制,但这并不意味着你们可以为所欲为。要知道没有规则的自由不是真正的自由,每个社会人都要遵循这个社会的以及你所处小环境中的规则和潜规则,不能违规而行。对同学们来说,有些规则是"高压线",是绝对不能碰的,比如作弊、打架、盗窃、沉迷网络、荒废学业。这一点希望同学们能够心里时刻装着一杆秤,不断地称量,哪些是无伤大雅的,哪些是绝对不能含糊、一旦触碰就难以挽回的。

一个人,作为社会的一个成员,不管在自己的一生中怀抱什么样的个人或社会理想,追求什么样的价值目标,有一些基本的行为准则和规范是无论如何都必须共同遵循的。人可以做各式各样的事情,追求各式各样的目标,但无论如何,有些事情是决不可以做的,任谁都不可以做,永远不可以做!

对于同学们的成长,学校老师是有责任的,学校不想同学们当中有人因触碰"高压线"而后悔,所以老师会努力引路,也希望同学们相互扶持和提醒。更重要的是,希望每一个同学都时刻清醒、自警。

人生是用来珍惜的,不是用来惋惜的。学校不希望同学们当中任何一个人用一生来惋惜一时的错误。

3. 注重修身养性

如果在学校里看到这样的行为你们的反应如何?走在路上或是在教室里随地吐痰,通常以脚代手踢开寝室甚至教室的门,或是在雪白的墙面上留下你用手或用脚"创作"的"作品",上课或开会迟到不打一声招呼就匆匆而入,在课堂上吃早餐,将脏话挂在嘴边并不以为然,夜深了仍在走廊里大声喧哗扰人清梦,等等。看到这些事,你们也许会感到厌恶,而对有的同学来说这些已经是习以为常,根本不觉得是不文明的行为。同学们一定聆听过很多关于文明的教诲,什么是文明的,符合规范的;什么是不文明的,不符合规范的。有些人,不屑于注重举止文明,觉得那样太拘谨,太不个性化,于是一切都被抛诸脑后;有些人,不把文明整天挂在嘴边,也不去提它,因为他的一举一动已经是文明的体现,他

良好的修养乃立身之本。

已将文明作为生活的一部分；另一些人，心里记得，可是时不时地会放松自己，偶尔觉得不必那样苛刻。同学们，你是哪种人呢？

大学和中学是不同的，这个时代和过去也是不同的，但是有些最基本的东西是不变的。有位德高望重的老人曾经说过，他觉得一生最受益的话是幼儿园老师教的"吃饭前要洗手，借别人的东西要还，要和小朋友相互友爱……"在同学们还是幼儿时尚且能做得到的，现在也应该做得到。如果做不到，那么，请同学们记住，你们要为自己的所作所为负责，要为自己在任何一个时刻的选择负责，常常不拘小节，必然要付出代价。希望同学们清醒地认识到：这是一个个性的时代，但不是一个个体的时代；这是一个独立的时代，但不是一个孤立的时代；这是一个自由的时代，但不是一个自私的时代；这是一个浪漫的时代，但绝不是一个散漫的时代。

细小之事反映一个人的修养。而个人修养是一个人学习、工作和生活的基本要求，有什么样的决心就会有什么样的行动；有什么样的思想，就会有什么样的作风。自身修养要成为每位同学的自觉追求。这种自觉需要极大的克制力。在很多情形下，思想稍一松懈，就会产生动摇。自觉者的可贵，就在于他们具有是非观念。知道哪些是应该做的，哪些是不应该做的，哪些是可以做的，哪些是不可以做的。这也体现出一个人的自身修养。

古人云："君子不可不修身。"又云："正心以为本，修身以为基。"性情的修养，不是为了别人，而是为了增强自己的个人能力。同时，个人修养还往往决定其事业的成败。

2005 年 7 月，重庆某科技产业有限公司招聘了 21 名大学生。但在不到 4 个月的时间里，该公司陆续辞退了其中的 20 名本科生，仅仅留下 1 名大专生。据该公司反映，这些大学生被辞退的主要原因是他们的自身素质和道德修养不能达到公司的用人要求。

看到这，人们的反应是：公司欲炒"鱿鱼"何患无辞！然而公司"炒人"并非毫无道理，公司直接指向的，正是当下一些大学生所欠缺的方面——个人文明修养。表面上看这是细枝末节，但恰恰又是做人的基本素养。

比如，两名计算机专业高材生因为粗心遗失了价值 3 万多元的设备而受到批评，却还振振有词并以"学生犯错是常事"为自己开脱责任。这是缺乏承担意识的表现。而一位女生被辞退，却是因为喜欢睡懒觉、上班经常迟到，并且在上班时间上网聊天，经多次警告仍置若罔闻。又如，一男生在与客户吃工作餐时，夸夸其谈，大声喧哗，不但使公司领导无法与客户交谈，而且席间还张嘴把痰吐在客户脚边，吓得客户跳了起来，但该男生却好像啥事没有，继续吃饭。此学生不懂基本礼貌，行为粗俗，因此丢了工作一点也不奇怪。

应当说，这些都是细小之事，但细微之处见修养。个人的文明修养关乎人的立身之本，不可小觑。因此，良好的文明修养不仅是一个人的立身之本，更是现代社会职场竞争不可或缺的"软实力"。这个"软实力"是个人魅力的基础，其他一切吸引人的长处均来源于此。你是不是真的很有修养呢？不妨做一下下面这个简单的自我测验。每一个问题你只要回答"是"或"不是"，然后在问题的后面查看答案。

问题：

（1）你对待商店的售货员或饭店的服务员是不是同你对待朋友一样很有礼貌呢？

（2）你是不是很容易生气？

（3）如果有人赞美你，你是不是会向他说"谢谢"？

（4）有人尴尬不堪时，你是不是觉得很有趣？

（5）你是不是很容易展露出笑容，甚至在陌生人的面前？

（6）你是不是会关心别人是否感到幸福和舒适？

（7）在你的谈话和信中，你是不是时常提到自己？

（8）你是不是认为礼貌对一个男子汉无足轻重？

（9）跟别人谈话时，你是不是一直很注意对方？

分析：

（1）是。一个富有修养的人，不论对什么样身份的人，始终都彬彬有礼。

（2）不是。动不动就生气的人修养不会很好。

（3）是。善于接受他人赞美是一种做人的艺术。

（4）是。幸灾乐祸显出你的修养较差。

（5）是。微笑始终是你自己或其他人通往快乐的最好的入场券。

（6）是。关心体贴别人是一个人成熟和有魅力的首要条件。

（7）不是。那些经常大谈自己的人很少会受到别人的欢迎。

（8）不是。良好的风度和礼貌，是一个人所必需而且应该有的自然反应。

（9）是。谈话时注意对方是对别人尊重的表现。尊重别人才能使别人尊重你。

4. 讲究校园礼仪

一位先生登报招聘一名办公室勤杂工，约有 50 多人前来应聘。这位先生从中挑选了一位青年。他的一位朋友问："你为何喜欢那个青年，他没有带一封介绍信，也没有任何人推荐。"

"你错了"，这位先生说，"他带来了许多介绍信。他在门口擦掉了鞋底上的泥，进门后随手关上门，说明他做事小心仔细。当他看到那位残疾老人时，就立即起身让座，表明他心地善良、体贴别人。进了办公室，他先脱去帽子，回答我的提问时干脆果断，证明他既懂礼貌又有教养。其他所有人都从我故意放在地板上的那片纸上迈过去，而他却俯身捡起，并把它放到纸篓里。他衣着整洁，头发梳得整整齐齐，指甲修得干干净净。难道你不认为这些就是最好的介绍信吗？"

礼仪指在人际交往、社会交往活动中，用于表示尊重、亲善和友好的行为规范和惯用形式，是一个人文明修养的表现。

下面就和同学们谈谈在校园里需要注意的文明礼仪。

与教师交往的礼节

与教师的交往是同学们人际交往的重要内容。教师是同学们感悟人生、获取知识、学有所成的引路人。古人云："师同父母""一日为师，终身为父"。为此，作为深受教师教诲之恩的同学们，在与教师交往的过程中应热爱与尊敬老师，尊重老师的劳动，虚心接受老师的批评教育，严格遵循有关礼仪规范。

在请教老师问题时应注意事先把请教时问题考虑清楚，以便明确地向老师提出。请教时态度要谦虚，不要随便打断老师的讲述，若观点不同，可用征询的语气委婉地说出自己的不同意见,谦虚地与老师探讨。

到老师家拜访应注意事先约定。预约时间要尽量准确,并且要考虑到老师的方便。拜访时间不宜太早或太迟,还要避开吃饭和休息时间。约时间的同时讲明拜访事由,让老师事先有所准备。拜访老师要准时,不要提前,更不要迟到。因不可避免的原因不能按时到达,要想办法通知老师并诚恳致歉;通知不了老师,过后也一定要专门表示歉意。到了老师家门口即使门是开着的也应先按门铃或敲门。注意按门铃或敲门的动作要轻,要有节奏的停顿,仔细听是否有回音。不要连续不断地用力拍门。老师开门后,要问候老师。若去不认识自己的老师家拜访应先确认老师的身份,然后再问候,做自我介绍。如说:"你好!请问这是张老师的家吗?""张老师在家吗?""张老师,您好!打扰您了,我是×╳系的学生,叫×××。"如果敲错门,别忘了道歉。老师请你进门后,你再进门。如要换鞋,还需换鞋进屋。进屋后,屋里若还有其他人应向他人致意。进屋后,东西不要乱放,老师让座后再坐下,并向老师谢座。与老师交谈时注意交谈礼节。拜访时间不宜太长,到吃饭、休息时间应告辞,有其他客人来访时也应告辞。不要老看表,让人觉得你急于想走,也不要在老师说完一段话或一件事后,立即提出告辞,这样会使老师认为你不耐烦和不感兴趣。告辞时一般遵从"先谢后辞"的原则。如恭敬地对老师说:"打扰多时了,我该告辞了,谢谢您的帮助指教,再见。"老师相送,应及时请老师留步。

与同学交往的礼节

同学间朝夕相处,是亲密的伙伴。同学情最纯真,充满活力,会让你永生不忘。同学间交往同样要注意遵循有关的礼仪规范,这样才能使你度过一段美好难忘的大学时光。

同学相遇时要主动打招呼问候。当同学遇到困难,如学习暂时落后、遭遇不幸、偶尔失败时,不要嘲笑、讽刺、歧视,而应该热情帮助,真诚地伸出援助之手。对同学的相貌、体态、衣着不要品头论足，对同学的生理缺陷尤其不能嘲笑，更不能给同学起侮辱性的绰号。

男女同学之间的交往要相互尊重，谈吐举止要有分寸。交往既要大方又不能轻浮，开玩笑要讲究分寸，不宜动手动脚，打打闹闹。在有求于同学时，要用"请"、"谢谢"、"麻烦你了"等礼貌语言；借用学习用品时，应先征得同意后再拿，用后及时归还并致谢。

在学生宿舍里，要自觉遵守作息时间，按时起床，按时熄灯就寝，起床、就寝动作要轻，说话声音要小，尽量避免打扰别人。自觉保持宿舍内的清洁卫生，既要搞好个人卫生，又要热心主动搞好室内的清洁卫生。不要随便在他人床上坐卧。未经主人允许不要随便动用他人的茶具、碗筷、毛巾等用具。不要随便翻阅别人的书信、日记等。带朋友到宿舍来玩，不要在室内喧哗、嬉笑、打闹，以防影响同寝室人的学习、休息。对来拜访的同学要热情礼貌友善。对同学家长的造访要礼貌周到地接待。同学之间要互助互谅，严于律己，宽以待人，相互谦让，相互照顾帮助。

办公室礼仪

办公室是老师备课、办公的地方，是一个严肃、安静的场所，同学到办公室去拜访老师，应注意一定要先敲门，得到允许后方可进入。进出办公室的动作要轻，不要喧哗，以免影响其他老师工作，进入后应与看到自己的其他老师点头致意。注意不要坐在其他老师的座位上，也不要随便乱翻办公室的东西。事情办完，立即离开办公室，并礼貌地与老师告别。告别一般是先谢后辞，如说"谢谢老师，再见！"。

到领导办公室找领导，一般要预约，并要按时到达。

与老师交谈时态度应诚恳，说话应实实在在。客套太多，也是一种失礼。认真倾听老师讲话，与老师目光交流，注视位置大致在老师的双肩与头的三角区，必要时要点头应和老师的讲话。交谈中要少打手势，音量适中。手势过大，声音过大都是不礼貌的。一般来讲，手势的幅度是上不过肩，下不过腰。与老师之间的距离要适中，交谈距离1.5米左右，太近或太远都是不礼貌的。不要随便打断老师的谈话，谈话中若遇有急事需要离开应向老师打招呼表示歉意。当你不赞成老师的观点时，不要直接顶撞，更不要反问和质问老师，应婉转地表示自己的看法，如可说"这个问题值得我考虑一下，不过，我认为似乎……"等。

教室礼仪

教室是同学们学习的地方,同学们每天大部分时间都是在教室里度过的,它应是一个严肃的公共场所。为此,同学们应严格遵守教室的礼仪规范要求。

进入教室要面容清洁,头发整齐,男同学不要胡子拉碴,女同学不要化浓妆。衣服要整洁,夏天不能穿背心、拖鞋到教室,也不能敞胸露怀。听课时不能吃东西,嚼口香糖,听 MP3。坐姿要端正,入座时要轻要稳。先走到座位前,再转身轻稳地坐下。女生入座时,若是裙装,应用手将裙装稍稍拢一下。坐下后,要立腰、挺胸,上体自然垂直。不要前倾后仰或歪歪扭扭,东摇西晃,也不要斜靠在椅子上。双腿不要过于叉开,也不要长长地伸开,脚也不要不停地抖动。离座时,要自然稳当。

不要在教室里乱扔果皮、纸屑,不随地吐痰。在教室里随时保持安静、整洁,维持教室的良好学习环境。课间不要追逐打闹,以免影响其他同学的学习和身心健康。课间休息时,在楼道内行走要靠右慢行,不要快速奔跑、转弯。

校园公共场所礼仪

在图书馆、阅览室应注意要衣着整洁,不穿拖鞋背心。办理借还书手续及进馆要按次序。就座时,移动椅子不要发出声音。不要为朋友占座位。走路时要轻,阅读时不要出声,不要和熟人交谈,更不能大声喧哗、吃零食、扔废纸。不要在阅览室睡觉。查阅卡片和图书时要轻拿、轻翻、轻放。不能私自剪裁图书资料。对开架书刊应逐册取阅,不要同时占有多本,阅后立即放回原处。

在餐厅应注意使用礼貌的称呼和礼貌的语言,如"师傅"、"请"、"麻烦你"、"谢谢"、"对不起"等。自觉按次序买饭,不要拥挤、插队。饭后自觉将快餐盘送至回收处。不要浪费粮食,不要随地倒剩菜剩饭。

在体育场(馆)观看体育比赛时不要大声喧哗,高声喊叫。礼貌地对待运动员的比赛,对其偶尔的失误应理解、鼓励,不可当场出言不逊、扔物品。要支持裁判员的工作,瞬息万变的体育竞赛难免出现判断失误,不应对裁判起哄、无礼。要维护场内的公共卫生。

在报告厅或演出厅听报告、看演出时,要自觉遵守场内秩序,不接打手机,并将手机关闭或设置到振动状态。穿过座位时姿势要低,脚步要轻,不要影响他人。吃东西不要发出声响,不随地吐痰、乱扔果皮纸屑。观看时,不要把脚蹬在前排观众的椅背上,以免弄脏别人的衣服。节目演出或影片放映当中,要保持安静,不要大声谈笑或大声评论。遇咳嗽、打喷嚏时,要用手帕或餐巾纸捂住口鼻,防止唾沫星飞溅到他人的身上。

总之,讲究礼仪,是文明的标志,也是做人的一种美德,礼仪在人际交往关系的调节中具有不可忽视的作用。

做一个勤俭和会理财的人

勤俭不仅是一种美德,更是一种成功的资本,一种核心竞争力。当你离开父母的直接呵护,走进大学校园开始独立生活的时候,就应当勤俭节约,懂得管理个人财产。

荀子曰:"强本而节用,则天下不能贫。"意思是说,如果一个人能勤奋耕作、勤俭节约,那么就是老天也不能让他贫穷。

世界石油大王洛克菲勒集团的创始人约翰·戴维森·洛克菲勒的成功法宝就是勤俭。据说他在10岁时,曾用打工积攒的5美元,买了一本包装精美的《发财秘诀》。但当他回家打开包装,却发现书中只有"勤俭"两字,其他什么都没有。当时他非常生气,准备第二天找书店老板算账。洛克菲勒一夜无眠,辗转反侧地思考为什么作者仅用两个字出版一本书,而又为什么选"勤俭"两字?他越想越觉得其中有深意,终于悟出作者是想告诉读者:"勤俭"就是人生致富的根本,就是"发财秘诀"。后来,他以"勤俭"作为奋斗创业的座右铭,努力打工,每天挣来的钱,除了部分交给家里外,剩下的都积蓄起来,留作自己的创业基金。洛克菲勒如此坚持了5年,终于积攒了800美元,他就是用这笔钱,开创了他的事业。

同学们刚刚离开父母开始独立生活，缺乏生活经验和理财能力。针对这种情况，同学们要学会勤俭和理财。无论家庭条件好坏，都应该勤俭节约。但是，有些同学似乎不太明白这个道理，在他们的人生词典里似乎很少收入"勤俭"这个词条。有些同学消费没有计划，常会盲目消费、超前消费，还有些同学一到月底就现"财政赤字"，被戏称为"月光族"。

那么，同学们该如何勤俭生活和理财呢？

1. 避免消费误区

在购买生活必需品时，要讲究实用，考虑需求，做好计划，千万不要想买就买。在一些商品促销的活动中，一定要把持住自己，只买自己需要的东西，将有限的财力用在刀刃上。要避免如下消费误区：

攀比与盲目消费　由于所处年龄段的特殊性，有些同学往往争强好胜，自控能力差，缺乏消费经验，消费目的不明确，存在盲目攀比消费的现象。电脑、手机、数码相机等贵重物品被认为是大学生的"必需品"，但这些东西不应成为一些同学的炫耀性标志。

消费结构不合理　由于消费心理不成熟，冲动大于理性，使得很多学生的消费结构不合理。真正用于生活和学习上的投资并不是很高，反而大部分钱用在衣着、社交、旅游等方面。形象消费、社交消费固然有其必要性，但一味为了追求外表靓美和生活享受而不考虑自己的实际情况就不好了，大家应该提倡对精神生活的追求。

浪费现象较严重　食堂、餐厅的剩饭剩菜到处都是，水房的水任意流淌。有些人还做感情"投资"，但仅靠金钱来维持的情意是否可靠，是否长久呢？无论爱情多么浪漫，网恋多么美好，请大家要始终保持冷静的头脑，不要为自己的快乐而随意挥霍了父母的血汗钱。

超前消费与校园"负翁"　近年来，银行推出了专为学生设计的信用卡，透支金额在 3000 ~ 5000 元不等。于是有不少学生申请信用卡并透支消费,然后伸手向父母要钱或者以旷课打工、出卖贵重物品等方式还款。同学们使用信用卡应该量入为出,适可而止,过度消费不仅会加重自身和父母的经济负担,还会给自己将来的消费习惯和经济状况带来不良的影响。

2. 学会制订理财计划

如今理财已经成为时尚话题,同学们不仅要因为爱父母,而珍惜他们的劳动所得,还要在自我管理劳动中体验理财的快乐。同学们可以每天记下自己的支出,定期查看哪些是不必要的,以便节省那些可花可不花的钱。如果把这些钱存进银行,还能得到一笔小小的利息。同学们还可以对每个月或每个学期的花销,在月初和学期初就先制订计划,大致规划一下衣食住行等各方面的所需,同时留一部分储备资金,以备不时之需。

3. 巧用银行卡

最基本的理财可以从如何同银行打交道学起。不要以为去银行仅仅是取钱和存钱那么简单,即便是简单的存款,也能从中学到不少理财知识。中学期间,虽然有些同学在银行设有独立户头,但大多数是由父母直接掌控的,同学们对存钱、取钱、银行利息计算等缺少感性认识。通过和银行打交道,同学们可以了解最基本的金融常识,例如 ATM 机和信用卡的一些服务功能,学习如何独立理财。

使用信用卡不仅仅只是体验"用明天的钱"进行消费,信用卡一般都有一定时间的免息期,如何用足这免息期的时间,力争资金利用最大化,也是一门不小的学问。其中还有一些特色服务如优惠取现、免费异地存款等服务是普通存贮卡所没有的。如果能够好好利用这些功能,能节省不少交易费用。

4. 取存款的注意事项

一是不要轻信自动取款机上贴的小广告,当发现取款机出现故障或者其他问题时,应及时拨打发卡行全国统一客服电话或者自动取款机屏幕上显示的电话号码与银行联系。如发现周围有举止可疑的陌生人滞留,最好立即离开。

二是注意保管好个人的银行卡密码,不要用简单的数字或生日作为银行卡密码。在自动取款机上操作,输入密码时一定要进行必要的遮挡,以防不法分子窥探密码。

三是注意保管好个人的银行卡信息,在自动取款机取款消费后,不要随意丢弃回执单，以防泄露个人银行卡信息。

四是银行卡和个人证件，尤其是身份证，千万不要放在一起，以免不法分子利用你的证件到银行进行诈骗，而且如果证件丢失，会对账户冻结造成不便。

五是进入自助银行不需要密码。自助银行往往需要刷卡进入，但是进门时不需要密码。目前有犯罪分子加装自助银行入口密码输入设备，盗取持卡人输入的密码信息。如遇此情况，同学们一定不要输入密码，并及时报警和通知相关银行。

大家来做"低碳"达人

低碳生活方式是指为满足物质、精神文化需要，消费各种低碳、绿色商品和劳务的生活方式的总和，主要是要求在思想观念、消费过程和生活细节等各个方面，自觉养成减少碳排放的生活习惯。

低碳消费是低碳潮流中出现的新理念，是低碳生活的一部分。

低碳消费包括四个方面：一是选择未被污染或有助于公众健康的绿色产品；二是消费低碳产品，如太阳能产品、节能灯等；三是消费过程中注重对垃圾的处置，不造成环境污染，典型的是尽量不使用塑料袋；四是转变消费观念，崇尚自然，追求健康，在追求生活舒适度的同时，注重环保，节约资源和能源，实现社会的可持续发展。

联合国环境规划署在2008年6月5日"世界环境日"发表了一份报告，提出了七点建议，告诉人们如何在普通生活中采取"低二氧化碳生活方式"：

一是用传统的发条式闹钟替代电子钟，这样每天可以减少大约48克的二氧化碳排放量。

二是用传统牙刷替代电动牙刷，每天可以减少48克二氧化碳排放量。

校内储蓄点

中国银行自助取款点

邮政储蓄自助取款点

校园周边储蓄点

中国银行镇江学府路支行

邮政储蓄银行镇江邮政局梦溪路支局

中国工商银行东门支行

中国建设银行学府华庭分理处

中国农业银行科大分理处

江苏银行包家湾支行

四、校园新天地，我们快乐地生活

低碳生活 从小事开始

　　三是改在电动跑步机上45分钟的锻炼为到附近公园慢跑,每次可以减少将近1公斤的二氧化碳排放量。

　　四是如果去8公里以外的地方,乘坐火车比乘汽车减少1.7公斤的二氧化碳排放量。

　　五是不用洗衣机甩干衣服,让其自然晾干,这样可以减少2.3公斤的二氧化碳排放量。

　　六是在午餐休息时间和下班后关闭电脑及显示器,可以将这些电器的二氧化碳排放量减少三分之一。

　　七是改用节水型淋浴喷头,不仅可以节水,还可以把3分钟热水淋浴所导致的二氧化碳排放量减少一半。

　　联合国环境规划署执行主任阿希姆·施泰纳相信,在碳减排过程中,"普通民众拥有改变未来的力量"。

　　相信这些家居生活的点滴对于你来说应该只是举手之劳,从现在开始坚持养成习惯,做个"低碳达人"吧。

　　什么是低碳达人? 同学们对"达人"这个词应该是很熟悉的。所谓达人,是指在某一领域非常专业、出类拔萃、非常精通的人,有很厉害的意思。作为网络用语的达人,还有一层意思,就是我们都不要妄自菲薄,每个人都有自己的长处和魅力,只要用心去做,人人都可以成为"达人"。低碳达人又称为减碳达人,其实就是低碳生活的高手。

　　什么样的人是低碳达人呢? 这里不妨看几个例子:

据《中国新闻网》报道,张先生每天做的第一件事就是花费10分钟在博客上记录自己每天的碳排量。在某篇记录中,他这样记载:乘公交11公里,产生0.88公斤二氧化碳,乘电梯35层产生7.63公斤二氧化碳,洗热水澡15分钟产生0.42公斤二氧化碳……今天一共产生12.976公斤二氧化碳。张先生开始尝试记录自己每天的碳排放量,目的是为了了解一下到底哪种生活方式排放出的二氧化碳最少。张先生用了一年多的时间进行记录,在这期间,他的碳排放量由每天16公斤下降到8~9公斤。

再比如北京电视台报道的一个低碳达人朱某巧用柠檬的例子。朱某是中央民族大学的在校研究生,也是世界自然基金会的一名志愿者,她节水的秘密武器就是柠檬。她介绍说,用洗洁精洗碗冲洗比较麻烦,用水多,而用柠檬洗碗可以节约一半以上的水,还不会造成污染,碗洗干净了,还可以顺便擦洗洗碗盆和水池。柠檬挤干后还可以放在厨房或者浴室里除臭吸味。洗过碗的柠檬水,可以用来冲厕所。

因此,在日常生活中,我们完全可以从点滴小事做起,运用各种技术手段和生活窍门,做到节约用电、用水、用油、用气,节省一切不可再生的物质资源,享受简约生活。比如,最简单的就是在教室、宿舍人少时少开灯,人离开就随手关灯;不使用的电器要处于断电状态;低层不乘坐电梯;少用空调多开窗。还有,尽量少用一次性餐具、杯子、牙刷等生活用品,养成出门购物自带环保袋的习惯,努力消除"白色污染"。努力做到垃圾分装,减少环境污染,增加回收利用。能循环使用的物品尽量重复使用,提倡将自己不用的衣物、家具、书籍等各类物品赠与别人使用。戒除各种不良嗜好,克服铺张浪费等生活陋习。保护各种动物、植物,保护水源、空气,使万物与环境和谐相处。积极开展植树造林活动,提倡每人多植一棵树、多种一片草、多养一盆花,等等。做到这些真的不难,你成为低碳达人也完全有可能!

五、感悟军人生活的魅力

　　军事训练是新生进入大学的第一课,是实现由中学生到大学生角色转换的起点,是增强国防观念、竞争与合作意识,培养军事技能,锻炼意志品质,养成良好习惯,形成文明生活方式极为重要的途径和形式。

　　军训是一种增强国防教育的手段,我国在高校开展"军训"已有二十几年历史了,军训也是高校教学课程体系的组成部分。军训是大一学生的必修课,列入学校的教学计划,成绩记入学生档案,我校规定是军训课程记3个学分。同学们必须修完军训的3个学分方可毕业,按照高校军训教学要求组织实施军事训练课教学,严格考勤考核制度。大学生军事训练课的内容要求比较广泛,鉴于时间较短,目前我国高校所开设的军事课,主要是与国防教育内容相关的军事知识与军事技能的学习和掌握。军事知识主要包括:军事思想、军事理论、军事科技等,是通过课堂向学生进行传授的。军事技能主要是通过军事训练来掌握。因此,同学们一定要以认真的态度对待!

军训的目的和意义

　　军事训练最首要的任务是帮助同学们通过接受包括言行举止、作风纪律、国防观念等内容的军事训练,培养同学们团结、协作、吃苦耐劳的精神和品格。通过军事化的强化训练和军事理论课程的学习,让同学们了解更多军事、国防知识,在亲身体验与理论知识的学习过程中树立起科学的国防观念,增强国防意识。特别是在当前我国面临的复杂国际形势下,大学生更应该有一种忧患意识,要树立心系祖国、心忧天下、立志报国的志向。希望经过短暂的15天军训,达到如下培训目标。

　　促进政治成熟　和平与发展虽是当今时代的主题,但世界并不太平,国际恐怖主义事件时有发生,我国的领土完整和国防安全始终受到冷战思维及其他因素的威胁和挑战,"台独分子"也一直没有放弃把台湾地区分裂出去的图谋,铸剑为犁的时代还很遥远。因此,为了确保国家安全,青年大学生们一定要增强忧患意识和国防观念,构筑起坚不可摧的精神长城,自觉履行建设和保卫祖国的神圣义务。

增强团队意识　在军事训练的过程中,学校将充分利用集体活动多的特点,调动同学们积极参与各种集体训练和评比竞赛活动,如出操、合唱、内务,样样都要比。要抓住这些活动机会,使同学们自身体会到个人为集体争取荣誉的责任和义务,以此不断增强团队意识。

培养良好的作风　军训期间,同学们要严格要求自己,按部队的条令和条例规范自己的言行,做到令行禁止,一切行动听指挥,培养吃苦耐劳的精神和守纪律、听指挥的良好作风。

大学生接受军事训练,是进行实际的国防教育,同时也是依法履行兵役义务的一种基本形式,对国防建设具有重要的战略意义。

(1)学生参加军事训练是履行兵役义务的一种基本形式。《中华人民共和国兵役法》第43条规定:"高等院校的学生在就学期间,必须接受基本军事训练。"因此,学生接受基本的军事训练,既是国家法律赋予在校学生的一项保卫祖国的光荣使命,又是履行兵役义务,依法服预备役的一种形式。因而,积极参加军训,圆满完成训练任务,是每个参训学生自觉履行兵役义务的最实际的行动。

(2)学生参加军事训练是加强国防后备力量建设的重要战略举措。为了保卫国家安全、抵御侵略,国家在加强常备军队现代化建设的同时,必须加强国防后备力量建设。强大的后备力量既是建设跨世纪现代化国防的坚实基础,又是威慑和遏制战争的重要力量。同学们通过军训,不仅能够树立牢固的国防观念,而且可以培养爱国主义精神和报效祖国的理想信念,同时也学到了军事知识,掌握了一定的军事技能,加深了对人民军队的理解,为国家战时兵员动员打下了坚实基础。目前,我们国家有各类高校一千余所,各校搞好军事训练,并长期坚持下去,就等于储备了一大批具有高素质的后备兵员和军官。这种寓兵于民、寓官于校,是我国富国强兵的一项重大战略决策。

(3)学生军训是培养"四有"新人,使其德、智、体全面发展的

五、感悟军人生活的魅力

重要途径。培养既有坚定正确的政治方向，又有真才实学，既有扎实的理论基础，又有勇于开拓的进取精神，既有良好的道德风尚，又有健康体魄和勤劳朴实工作态度的优秀人才，是我国新时期赋予教育战线的根本任务，也是国家强盛、民族发达的战略目标。学生通过军训，不仅可以磨炼意志，增强斗志，培养组织纪律性，树立起修身立人的标准，同时，也丰富了头脑，拓宽了知识，强健了体魄，促进了专业学习。所以说，学生参加军事训练，是实现学生德、智、体全面发展，为国家造就经济和国防现代化建设优秀人才的重要途径。

感悟军人生活

军训是迎接新生的第一堂课，也将是所有新生难忘和值得回味的一段经历。每一个大学生入学最先经历的事就是军训，军训是一个锻炼意志体现个人品格的重要阶段。有人会问，军训有什么意思？累得要死。可其实，是同学们自己选择了军训，在大家选择了接受高等教育的同时，也就选择了接受高等教育的各个组成部分，而军训就是其中之一。在军训中良好的表现不仅可以给教官、老师、同学留下一个好印象，而且还可以锻炼自己的意志和毅力。希望同学们做好吃苦受累的思想准备。

有人说，没有经过大学的人生是不完整的人生，没有经过军训的大学生活是不精彩的大学生活。"天将降大任于斯人也，必先苦其心志，劳其筋骨，饿其体肤，空乏其身，行拂乱其所为，所以动心忍性，增益其所不能。"虽然军训无法上升到"降大任"的高度，但是对现在从小接收"保姆式"教育的大学生来说是一次重要的考验。

身体素质在军训面前已经显得并不是那么重要了，积极的态度被提到了最有价值的层面。"倒下了又站了起来"是一种坚毅和刚强。如何当好军人，是需要同学们思索的，也是需要大家相互交流和督促的。服从命令是军人的天职，在军队里，一切都以长官的命令为

军训阅兵

准则。那么，参加军训的同学们也应该一样，服从是每个人需要学会的最重要最基本的一点，只要能够学会服从，相信在每一次的训练、比赛中你就一定能够全力以赴做到最好。

学校完全有理由相信面对挑战，同学们脸上写满的将是坚毅，心中流淌的将是自豪。进来时，你们激情满怀；出去时，你们必将豪情万丈。因为，经过军训，你们就可以骄傲地对自己说：军训虽苦，我却挺过来了！这不仅仅是你个人的光荣，更是你的父母、亲人、师长、同学、朋友的骄傲。学校相信，通过站军姿、踢正步，整内务，喊口号，同学们稚嫩的双肩一定会变得更加坚实，年轻的翅膀也必将充满放飞的力量。

当然，同学们在刻苦训练的同时也要保护好自己的身体健康，注意每天的休息和用餐，既不要过于兴奋不注意休息，也不要因为太累而懒得吃饭，这都是保证大家顺利完成军训的最基本的要点。另外要多喝水，多准备一些糖盐类的补充品。如果身体不适，就要及时向教官汇报，及时就医，不要硬挺，宁愿养好了身体接着训练，也不要硬撑着，搞坏了身体。

流血流汗不流泪，
掉皮掉肉不掉队。

参加过军训的人都会感受到军训的快乐：十几天中，苦过，累过，心里却是愉悦的，正如那句话"痛并快乐着"。军训使同学们放下了往日的矜持，青春的热情将在这里挥洒得淋漓尽致。与你们同龄的教官是你们的师长，也是集体的精神领袖，更是你们了解军旅生活的窗口。互不相识的面孔在这里汇聚，互相关爱，互相照顾，团队精神也将在这里发挥到极致。这需要同学们在军训过程中去细细体悟。

也有人认为军训对自身是一次洗礼：在一些人追求时尚个性和奢华生活的今天，大学生也多多少少受到影响。缺乏自我控制能力是许多同学的共同点。军训恰到好处地起到了一个积极的作用。让我们和军人零距离接触，感受他们严明的纪律，体验真正的军旅生活，让我们从身体到思想接受一次全面的洗礼吧！

五、感悟军人生活的魅力

我的军训生活

六、安全问题最重要

安全应是同学们时刻关注的问题

安全需要伴随人类历史发展的全过程,安全是社会发展的前提,是人类个体生存和发展的保障,是人们历来关注的重点。高校"象牙塔"中的大学生也难免面对各种危险,或是潜在的,或是明显的,或是因无知造成的,或是由于明知故犯带来的。在许多发达国家,新生入学的第一天,就要接受有关安全和生存方面的教育。在国内学校的新生入学教育中,安全知识的教育也被放在很重要的位置。同学们对于安全教育不能不重视,学习和掌握一些安全知识将会使同学们终生受益。

高校少数学生安全防范意识不强,使犯罪分子作案容易得手。

犯罪分子把侵害的目标对准高校,主要通过以下三种作案方式进行犯罪活动。

第一种方式:混进来,在校园内实施盗窃、诈骗。

第二种方式:引出去,将大学生引到校外实施犯罪。每逢大学生打工的旺季,一些非法中介公司便开始活动,他们抓住大学生急于打工挣钱的心理,收取高额的中介费却不履行合同,造成不少大学生上当受骗。此外,社会上的不法分子利用家教,把罪恶之手伸向在校的大学生。

第三种方式:利用网络设骗局。随着网络的普及和高科技的发展,信息传播的速度大大提高,由于网络信息传播速度快,真假难以识别,犯罪分子利用这些特点在网上设置骗局,诱人上当。

从众多案例可以看到社会上的不法分子通过网络对大学生进行犯罪的情况是非常严重的。不仅如此,网络还被某些邪教组织用来进行反人类、反社会、反科学、反政府的宣传和欺骗。

学校保卫处电话

88911097

88962377

校内报警电话

84409110

学校学生处电话

88962763

88962078

大学生防范意识薄弱的主要表现

高校校园内刑事案件居高不下,且呈连年上升势头,除了犯罪分子活动猖獗以及内部防范工作相对薄弱等原因之外,高校的学生缺乏安全防范意识是个重要原因,这主要反映在以下几个方面。

出入宿舍时不注意关窗锁门,为犯罪分子作案提供方便　教室和宿舍都在教学区,主要是学生学习和居住的地方,人员密集,存放贵重物品集中,是犯罪分子侵财作案的主要目标。而大学生在思想上缺乏安全意识,离开宿舍时往往不注意关窗锁门,给犯罪分子留机会。

自我管理能力差　无论在宿舍还是在教室、图书馆、体育馆(场)、食堂等公共场所,贵重物品随意放,为犯罪分子"顺手牵羊"作案提供了条件。这些场所人员流动性大,案发现场难以保护,犯罪分子留下痕迹易被破坏,破案困难,因此,是犯罪分子经常涉足的地方。

交友不慎　每个人必须合理构建自身所拥有的一切社会关系。作为刚刚步入大学的新同学,尤其是独生子女,社会交往较少,缺乏社会经验,更是需要注意谨慎交友。同学之间需要互相关心,互相帮助,共同完成学业,但是交友不能只顾感情,而没有防范意识。

轻信陌生人　大学生缺乏社会经验,有时会轻易相信陌生人讲的话,而且,轻率地向陌生人谈起自己或者自己的亲属、朋友、同学的有关情况,还有的把陌生人带到学校、宿舍,甚至留宿,结果不但自己上当受骗,还连累其他人。

学校是神圣的殿堂,学生更是青春勃发。然而,就在这样的一群年轻人当中,也难免有害群之马。某校一位新生入学 1 个月后,就向同班和周围同学伸出了"罪恶的黑手":他一天盗出两张存折并取出了存款,更为恶劣的是,他盗窃了同学的学习用具后,竟以低价出售给不知情的其他同学。类似的内盗现象屡见不鲜。盗窃的物品,有的是计算机或计算机零件,有的是贵重物品和衣物。更有甚者,某专科学校一个女生,竟同社会上的违法分子相勾结,疯狂地残害了同宿舍的其他女同学。上述这些事件,让人感到十分痛心。因此,同学们要时刻注意提高自己的安全意识和防范能力。

火灾的预防及处理办法

1. 学生宿舍火灾预防

为做好学生宿舍防火工作,每个学生都要树立防火意识,认识火灾的危害,自觉遵守学校的消防安全管理规定。

第一,不躺在床上吸烟,不乱扔烟头。人在疲乏时,躺在床上很容易入睡,烟头掉在被褥上或者易燃物上,容易引发火灾。

第二,不在宿舍内使用电炉、热得快等大功率电器、电热设备以及煤气炉、酒精炉、液化气炉等明火设备。学生宿舍内可燃物品多,使用电炉、酒精炉等,稍有不慎或疏忽便能引起火灾。

第三,不乱接电源。乱接电源容易使电流过载,如使用不合格的电器或电线老化,易引起火灾。

第四,不在室内点蜡烛看书。人疲乏入睡后,蜡烛容易引燃蚊帐、被褥,引发火灾。

第五,不在室内燃烧杂物。被燃物飘飞到床上,或者被燃物未彻底熄灭,人离开时,容易引起火灾。

第六,不要将台灯靠近枕头、被褥和蚊帐。灯头长时间点亮发热,容易引燃枕头、被褥和蚊帐,造成火灾。

第七,人走熄灯、关闭电源。切断室内电源,能彻底保证不发生火灾。

第八,不存放易燃易爆物品,如个别同学顺手带回实验用酒精,藏匿在床铺下,如有滴漏,一个烟头就可能引起火灾或爆炸。

2. 实验室和实践实习中的火灾预防

实验室内电器设备没有定期保养维修,电器部件老化,也会引起火灾,危及学生安全。在实验室和实践实习中,要严格遵守各项安全管理规定、操作规程和有关制度,涉及使用化学危险品时,一定要注意防火安全,按照规定,一丝不苟地在老师指导下进行操作。

火警电话　119

校内报警电话

84409110

3. 火灾应急处理和灭火基本方法

一旦发生火灾,头脑要冷静,任何一起火灾,都有一个从小到大的发展过程,通常分为三个阶段,即初起阶段、发展阶段和猛烈阶段。

在火灾的初起阶段,火焰面积小,燃烧温度弱,易于扑救,只要及时发现立即用灭火器材灭火,均能将火扑灭。一是发现初起火灾不要惊慌失措,要勇敢的以最快速、最有效的办法进行灭火,同时呼喊其他同学帮忙。扑救时要在确保自身安全的前提下进行,如烟雾大要用湿毛巾等捂住口鼻,将灭火器对准火焰根部喷射,并尽量使自己处在上风位置。二是如果是电器导致火灾发生,首先要切断电源,防止救火中触电。

在火灾的发展阶段,如果火势较猛不能立即扑灭,要一边灭火,一边向公安机关、消防中心和学校保卫部门报告火情。报告时要沉着镇定,讲清起火地点、部位(如:某大学某校区某宿舍楼某房间)、火势情况、着火的对象、类型和范围。把自己所用电话号码告诉对方,以便联系,当对方讲"消防车来了",即可将电话挂断,派人到校门口和必经的路口等候,引导消防车迅速到达火灾现场。

在火灾的猛烈阶段,火灾发生后如被大火围困,头脑要冷静,不要慌乱,应选择最佳的疏散方法进行逃生自救。

争取时间尽快脱离现场 火灾发生后不要为穿衣、找钱财等琐碎小事而延误宝贵的逃生时间,要选择与火源相反的通道按顺序迅速逃脱险境。现场有浓烟时,捂住口鼻,应尽量降低身体或爬行,千万不能直立行走,以免因吸入浓烟导致窒息。衣服被烧时,不要惊慌,可立即在地上翻滚以使明火熄灭。

选择通道,果断逃离 如果楼梯上起火,但火势并不太猛烈时,可披上用水浸湿的衣裤或被单,由楼上快速冲下。如果火势太猛而不能顺利通过时,可以利用绳子或将床单撕成条连接成绳子,将一端拴在牢固的物体上(如室内管道)再顺着绳子从窗口滑下。如果火灾威胁严重,有生命危险时,若楼层只有二三层高,可以将被褥、垫子等扔出,然后挟住窗子尽量缩短高度滑下,要保证脚先落地确保生命安全。逃离时千万不要乘电梯,以防电路断掉后反而被困在电梯中。

争取时间,等待救援 当各种逃生的线路均被切断时,则应退回室内,采取防烟、堵火措施,关闭火源方向门窗并用湿被将门堵严,并不断浇水,以延缓火势蔓延。要用湿毛巾捂住口鼻做好个人防护,同时打开外窗呼喊或用电话手机同外界联系争取时间尽快得到救援。

灭火的基本方法

隔离法:将着火的地方和物体与其周围的可燃物隔离或移开,燃烧就会因为缺少可燃物而停止。如将靠近火源的可燃、易燃、助燃的物品搬走;把着火的物件移到安全的地方;关闭电源、可燃气体管道阀门,阻止和减少可燃物质进入燃烧区域;拆除与燃烧物比邻的易燃固定物等。

窒息法:阻止空气流入燃烧区或用不燃烧的物质冲淡空气,使燃烧物得不到足够的氧气而熄灭。如用湿棉毯、湿麻袋、湿棉被、湿毛巾被、黄沙、泡沫等不燃或难燃烧物质覆盖在燃烧物上。

冷却法:将灭火剂直接喷射到燃烧物上,以降低燃烧物的温度。当燃烧物的温度降低到该物的燃点以下时,燃烧就停止了。或者将灭火剂喷洒在火源附近的可燃物上,使其温度降低,防止其受辐射热影响而起火。冷却法是灭火的主要方法,主要用水和二氧化碳来冷却降温。

抑制法:这种方法是用含氟、溴的化学灭火剂喷向火焰,让灭火剂参与到燃烧反应中去,使游离基的链锁(俗称"燃烧链")反应中断,达到灭火的目的。

以上方法在实用中,可根据实际情况,采用一种或多种方法并用,以达到迅速灭火的目的。

交通事故的预防及处理办法

预防交通事故的发生最根本的原则是遵守交通法规,主要是《中华人民共和国道路交通安全法实施条例》(以下简称《条例》)。

1. 非机动车的交通安全

《条例》第六十八条规定 非机动车通过有交通信号灯控制的交叉路口,应当按照下列规定通行:

(一)转弯的非机动车让直行的车辆、行人优先通行;

(二)遇有前方路口交通阻塞时,不得进入路口;

急救电话 120

交通报警电话 122

校内报警电话
　　84409110

（三）向左转弯时，靠路口中心点的右侧转弯；

（四）遇有停止信号时，应当依次停在路口停止线以外。没有停止线的，停在路口以外；

（五）向右转弯遇有同方向前车正在等候放行信号时，在本车道内能够转弯的，可以通行；不能转弯的，依次等候。

《条例》第六十九条规定　非机动车通过没有交通信号灯控制也没有交通警察指挥的交叉路口，除应当遵守第六十八条第（一）项、第（二）项和第（三）项的规定外，还应当遵守下列规定：

（一）有交通标志、标线控制的，让优先通行的一方先行；

（二）没有交通标志、标线控制的，在路口外慢行或者停车瞭望，让右方道路的来车先行；

（三）相对方向行驶的右转弯的非机动车让左转弯的车辆先行。

《条例》第七十条规定　驾驶自行车、电动自行车、三轮车在路段上横过机动车道，应当下车推行，有人行横道或者行人过街设施的，应当从人行横道或者行人过街设施通过；没有人行横道、没有行人过街设施或者不便使用行人过街设施的，在确认安全后直行通过。

因非机动车道被占用无法在本车道内行驶的非机动车，可以在受阻的路段借用相邻的机动车道行驶，并在驶过被占用路段后迅速驶回非机动车道。机动车遇此情况应当减速让行。

2. 行人交通安全

《条例》第七十四条规定　行人不得有下列行为：

（一）在道路上使用滑板、旱冰鞋等滑行工具；

（二）在车行道内坐卧、停留、嬉闹；

（三）追车、抛物击车等妨碍道路交通安全的行为。

《条例》第七十五条规定　行人横过机动车道，应当从行人过街设施通过；没有行人过街设施的，应当从人行横道通过；没有人行横道的，应当观察来往车辆的情况，确认安全后直行通过，不得在车辆临近时突然加速横穿或者中途倒退、折返。

《条例》第七十六条规定　行人列队在道路上通行，每横列不得超过 2 人，但在已经实行交通管制的路段不受限制。

3. 乘车人交通安全

《条例》第七十七条规定　乘坐机动车应当遵守下列规定：

（一）不得在机动车道上拦乘机动车；

（二）在机动车道上不得从机动车左侧上下车；

（三）开关车门不得妨碍其他车辆和行人通行；

（四）机动车行驶中，不得干扰驾驶，不得将身体任何部分伸出车外，不得跳车；

（五）乘坐两轮摩托车应当正向骑坐。

4. 发生交通事故的应急处理办法

遇到交通事故发生，不要慌乱，要沉着冷静。

第一，要保护自己，看有无受伤。如果有伤要立即拦车、打的到附近医院救治。同一起事故中有多人受伤，自己属于轻的，要帮助别人；自己属于重的，要求助别人，共同脱离危险。

第二，要保护交通事故现场。

第三，要立即向公安机关报告。在校园内发生小的交通事故要报告学校保卫处，由公安保卫部门来调解处理。

财产安全

1. 预防盗窃，确保财产安全

首先，要牢固树立防盗意识，克服麻痹思想。千万不要以为大学校园是太平世界，是保险箱。盗窃分子时时盯着大学校园，特别是盯着缺乏经验的大学生。大学校园里时常有盗窃分子出入，身边的大学生中极个别人也可能有盗窃行为。因此，在防止盗窃时，既要防外贼，也要防内贼。

第二，妥善保管好现金、存折、汇款单等。现金最好的保管办法是存入银行，尤其是数额较大的要及时存入，绝不能怕麻烦。要就近储蓄，储蓄时加密码。密码应选择容易记忆且又不易解密的数字，千万不要选用自己的出生日期做密码。这样，即使存折

报警电话　110

校内报警电话

84409110

或现金卡被盗,犯罪分子也不容易取走钱,事主也有时间到银行挂失。身份证是最有效的证件,存折丢失,可以凭身份证去挂失,凭身份证去取款。因此,存款单据、汇款单据、存折及现金卡要同身份证、学生证分开存放,防止被犯罪分子同时盗走。

因购买贵重物品而需要大额现金时,应当天取当天用,因故不能当天购物时,应将钱再存入银行,不要怕麻烦。

第三,保管好自己的贵重物品。贵重物品不用时,不要随便放在桌子上、床上,防止被顺手牵羊、溜门或窗外钓鱼的犯罪分子盗走,要放在抽屉、柜子里,并且锁好。寒暑假离校时应将贵重物品带走,或托给可靠的人保管,不要放在宿舍里,防止撬锁盗窃。贵重物品、衣物最好做上一些特殊记号,一旦被盗,报案时好说明,认领时也有依据。

第四,养成随手关窗锁门的好习惯。上课、参加集体活动、出操、锻炼身体等外出离开宿舍时,要关好窗、锁好门,包括关好玻璃窗,因为仅仅一层窗纱不足以防盗。一个人在宿舍时,即便上厕所、上水房洗衣服,几分钟、十几分钟的时间即可回来,也要锁好门,防止被犯罪分子溜门盗窃。某高校一位姓周的女同学,到相邻的宿舍聊天,没锁门,仅仅几分钟回来后发现上千元的手表、皮夹克和数百元现金被盗。

第五,在教室、图书馆看书,在食堂吃饭时,不要用书包占座,不在书包里放现金、贵重物品、钥匙,防止书包被盗或书包内的现金、贵重物品、钥匙被盗。

第六,不带较多的现金和贵重物品到公共浴池去洗澡,这些场所往往是犯罪分子行窃的地方。

第七,关于自行车防盗。高校里自行车被盗案时有发生,同学们要养成随手锁车的好习惯,尤其好车要严锁严管,最好存放在有人看管的车棚里。

发生被盗,要保护好现场,及时报案。下课回到宿舍,如发现门窗被打开,或窗上玻璃被打碎、纱窗被割破、室内物品被翻得比较乱,这是室内发生盗窃的明显标志。遇到这种情况发生,头脑要清醒,不要急于到室内查找自己的物品。首先要保护好犯罪现场,任何人不要进入室内,以便公安人员在现场提取犯罪分子留下的痕迹。其次,要马上报告学校保卫部门或公安机关,请他们来现场调查了解。第三,配合公安保卫部门查破案件,如果发现存折或汇款单丢失,要马上到银行、邮局去报告、挂失。平时如果丢失贵重物品、自行车等，也要及时到学校保卫部门报告，讲明丢失或被盗情况及自己物品的特征。

2. 预防诈骗，维护自身财产安全

对任何人，特别是陌生人，不可以轻信，也不可以盲目随从。

第一，提高防范意识，学会自我保护。社会环境千变万化，同学们必须尽快适应环境，学会自我保护。要积极参加学校组织的法制和安全防范教育活动，多知道、多了解、多掌握一些防范知识对于自己有百利而无一害。在日常生活中，要做到不贪小便宜、不谋取私利；在提倡助人为乐、奉献爱心的同时要提高警惕性，不能轻信花言巧语；不要把自己的家庭地址等情况随便告诉陌生人，以免上当受骗；不能用不正当的手段谋求择业和出国；发现可疑人员要及时报告，上当受骗后更要及时报案、大胆揭发，使犯罪分子受到应有的法律制裁。

第二，交友要谨慎，遇事要冷静思考，避免感情用事。人的感情是主体与客体的交流，既是主观体验也是对外界的反映，本身应该包含合理的理智成分。如果一味"跟着感觉走"，往往容易上当受骗。交友的基本原则有两条：一是择其善者而从之，真正的朋友应该建立在志同道合、高尚的道德情操基础之上，是真诚的感情交流而不是简单的利益关系，要学会了解、理解和谅解；二是严格做到"四戒"，即戒交低级下流之辈，戒交挥金如土之流，戒交吃喝嫖赌之徒，戒交游手好闲之人。与人交往要区别对待，保持应有的理智。对于熟人或朋友介绍的人，要学会"听其言，观其色，辨其行"，而不能"一是朋友，都是朋友"。对于"初相识的朋友"，不要轻易"掏心窝子"，更不能言听计从、受其摆布利用。对于那些"来如风雨，去如微尘"的上门客，态度要热情、处置要小心，尽量不为他们提供单独行动的时间和空间，以避免给犯罪分子创造作案条件。

第三，同学之间要相互沟通、相互帮助。在大学里，无论哪个

院系、哪个专业,班集体总是校园中最基本的组织形式。在这个集体中,大家向往着同一个学习目标,在生活和学习上是统一的、同步的,因此相互间应该加强沟通、互相帮助。有些同学习惯于把个人之间的交往看做是个人隐私,但要注意的是,既然是交往就不存在绝对保密。有些交往关系,在自己认为适合的范围内适当透露或公开,更适合安全需要,特别是在自己觉得可能会吃亏上当时,与同学有所沟通或许就会得到一些帮助并避免受害。

第四,服从校园管理,自觉遵守校纪校规。为了加强校园管理,学校制定了一系列管理制度和规定,用来约束人们的行为,在执行过程中可能会给同学们带来一些不便,但却是必不可少的。况且,绝大多数校园管理制度都是为控制闲杂人员进入校园和防止犯罪分子混入校园作案,以维护学生正当权益和校园秩序而制定的。因此,同学们一定要认真执行有关规定,自觉遵守校纪校规,积极支持有关部门履行管理职能,并努力发挥自己的应有作用。

3. 预防抢劫、抢夺

根据大学校园中抢劫、抢夺案件的特点,同学们要注意以下几点。

第一,外出时不要携带过多的现金和贵重物品,特别是必须经过抢劫、抢夺易发生地段时。如果因购物需要必须携带大量现金或较多的贵重物品,应请同学随行。

第二,现金或贵重物品最好贴身携带,不要置于手提包或挎包内。

第三,不外露或向人炫耀贵重物品,应将现金、贵重物品藏于隐蔽处。

第四,尽量不要在午休、夜深人静时单独外出,特别是女同学,不要在僻静、阴暗处行走、逗留。如必须通过僻静阴暗处,最好结伴而行,或者携带一些防卫工具。女生独自外出或回校,穿着不要过于时髦、暴露。

第五,发现有人尾随或窥视,不要紧张,不要露出胆怯神态,可以大胆回头多盯对方几眼,或哼首歌曲,或大叫同学、老师的名字,并改变原定路线,立即向有人、有灯光的地方走去。

遭遇抢劫、抢夺时怎么办?

万一遭遇抢劫、抢夺时,同学们应当保持精神上的镇定,根据所处的环境,对比双方的力量,针对不同的情况采取不同的对策。

第一,案发时要在保证自身安全的情况下尽力反抗,分析犯罪分子和自己的力量对比,只要具备反抗的能力或时机有利,就应发动进攻,以制服作案人或使作案人丧失继续作案的心理和能力。

第二,尽量与作案人周旋。可利用有利地形和利用身边的砖头、木棒等足以自卫的武器与作案人形成僵持局面,使作案人短时间内无法近身,以便引来援助者并对作案人造成心理上的压力。

第三,实在无法与作案人抗衡时,可以看准时机向有人、有灯光的地方或宿舍区奔跑。

第四,巧妙麻痹作案人。当已处于作案人的控制之下而无法反抗时,可按作案人的需求交出部分财物,并采用语言反抗法,理直气壮地对作案人进行说服教育,晓以利害,从而造成作案人心理上的恐慌。切不可一味地求饶,应当尽力保持镇定,与作案人说笑斗口,采取幽默方式表明自己已交出全部财物并无反抗的意图,使作案人放松警惕,以便自己看准时机进行反抗或逃脱其控制。

第五,采用间接反抗法。指趁其不注意时在作案人身上留下记号,如在其衣服上擦点泥土、血迹,在其口袋中装点有标记的小物件,在作案人得逞后悄悄尾随其后注意其逃跑去向等。

第六,如果敌强我弱,应采取灵活做法。要镇静,注意观察作案人,尽量准确记下其特征,如身高、年龄、体态、发型、衣着、胡须、语言、行为等。

第七,及时报案。要在最短时间内向公安机关、学校保卫部门报案,说明案发时间、地点,犯罪分子特征,自己财物损失情况等。作案人得逞以后,很有可能继续寻找下一个抢劫目标甚至在作案现场附近的消费场所进行挥霍。所有高校一般都有较为严密的防范措施,能及时报案和准确描述作案人特征,有利于有关部门及时组织力量布控、抓获犯罪分子。

第八,无论在什么情况下,遇到抢劫时只要有可能就要大声呼救,或故意高声与作案人说话。犯罪分子逃跑时,应大声呼叫周围的群众,堵截追捕,迫使犯罪分子放弃所抢物品。

人身安全

这里所说的人身安全，主要是侧重于遵纪守法与预防人身伤害方面的内容。大学生的人身安全是指个人的生命、健康、行动等不受到侵害，它是大学生赖以生存和完成学业的首要条件，是最根本的安全。

1. 预防伤害、确保人身安全

预防大学生受伤害，是一项综合性工作，需要各级政府认真整顿校园周边秩序，也需要公安、保卫组织维护好校园内部治安秩序。

下面，着重说明大学生如何做好预防，确保人身安全。

第一，尽量少去或者不去治安环境复杂场所，避免与不法分子发生矛盾。

第二，大学生在处理同学关系时，应互相关心、互相照顾、相互谅解、求同存异。同学之间有差异是正常的，各人成长环境不同，家庭条件不同，各人有各人的性格，在生活、处事方式上有差别。大家在一起生活，要互相尊重，严于律己，宽以待人，要营造一种和谐、和睦的氛围。

第三，认真学习并严格遵守学校的规章制度。学校为了有秩序地组织教学活动，为了师生有秩序地生活，制定了各种规章制度。这些规章制度中有相当一部分内容是调解学生相互关系的准则，例如几点起床，几点上课，几点午休，几点熄灯睡觉等。这些规章制度是大家都要遵守的准则，大家都自觉去遵守了，生活中便出现了许多共同点，少了许多发生纠纷的可能。

第四，避免社会不良风气的侵蚀，预防黄、赌、毒的侵害和烟酒造成的人身危害。要正确处理恋爱关系，恋爱有两种结果，一种是结合，一种是分手，这是正常现象。恋爱不成今后做朋友，绝不能当敌人、当仇人。社会上有一种不好的习气，哥们义气、老乡观念。似乎一有了这种关系，便没有是非原则了，只要是哥们儿的事，老乡的事，有求必应，为朋友可以两肋插刀。殊不知，当朋友、老乡与人发生纠纷以致斗殴时，你如果从哥们义气出发，必然把事情办坏，越帮越乱。

第五，讲究社会主义精神文明，学会用文明幽默的语言化解纠纷。大学生中的许多纠纷多由口角引起，而口角的发生大多与恶语伤人有关。俗语说"祸从口出"，即说话不当可能引来祸端。语言美是社会主义精神文明的重要内容，当你不小心碰撞别人，踩了别人脚，或把别人的书本碰到地上，总之，由于你的不小心，影响到了其他人，要真心实意地向人说一句"对不起"。反过来由于别人不小心影响到自己时,要大度,虚怀若谷,说一声"没关系",这样纠纷就会自然化解。

几个同学庆贺生日,当喝到面红耳赤时,发现相隔不远的几个青年男女在猜拳、行令。一个同学说:"社会变化快,女人也猜拳。"岂料这话被对方听到,马上便骂骂咧咧地走了过来要"理论"一下。另一个同学见势不妙,马上站起来客套地说:"请别介意,他喝多了点。"这一句文明礼貌的话,倒使对方不好意思起来,马上改口说:"没事,祝你们快乐。"

第六,及时化解矛盾,不要积怨甚久,导致激化。一个班,特别是一个宿舍的同学,在一起生活几年,难免产生矛盾,要注意及时化解,有些伤人感情的语言和行为容易造成积怨。因此,伤害过别人的,事后要主动向对方道歉,赔礼,请对方原谅。被伤害过的人,也可找适当的机会提醒对方注意,表明自己对他有意见。如果不及时化解,就可能天长日久,积怨成仇,一旦有"导火线",就会火山爆发,矛盾激化,采取极端行为。

2. 防止纠纷发生

纠纷是大学生活中的常见现象,又往往会造成严重后果。所以大学生应尽力防止发生纠纷,避免"一失足成千古恨"。

当你预感到可能发生纠纷的时候,希望你尽力做到以下几点。

第一,冷静克制,切莫莽撞。无论争执由哪一方面引起,都要持冷静态度,不可情绪激动。只有"大着肚皮容物",才能"立定脚跟做人"。某古刹有一副颂扬大肚弥勒佛的对联:"大肚能容,容天下难容之事;开口便笑,笑世间可笑之人。"对于那些可能发生摩擦的小事,要宽容,一笑了之。刘少奇同志在谈到共产党员的修养时指出:"我们应注意自己不用言语去伤害别的同志,但是当别人用言语来伤害自己的时候,也应该受得起。"如果能够做到这一点，就能"猝然临之而不惊，无故加之而不怒"，一切纠纷，都会化为乌有。

第二，诚实谦虚。在与同学以及其他人相处中，诚实、谦虚是加强团结，增进友谊的基础，也是消除纠纷的灵丹妙药。有了诚实、谦虚的精神，在发生纠纷的时候，就能认真听取他人的意见，进行自我批评，宽容他人的过失，处理好相互间的争执。要知道，在与他人的交往中，特别在发生争执的时候，诚实、谦虚并不是懦弱、妥协，恰恰相反，它是强大和品德高尚的表现。因为"人有毁我消我者，攻之固益其德，安之亦养其量"，培根说过"经得起各种诱惑和烦恼的考验，才算达到了最完美的心灵健康"，高尔基也曾经讲过"每一次的克制自己，就意味着比以前更加强大"。

第三，注意语言美。俗话说："病从口入，祸从口出"，"话不投机半句多"，深刻揭示了语言与纠纷的辩证关系。要做到语言美，一是要说话和气，心平气和地与人说话，以理服人，不强词夺理，不恶语伤人。二是说话要文雅，谈吐雅致，不说粗话、脏话。三是说话要谦虚，尊重对方，不说大话，不盛气凌人。

防止发生纠纷的总的原则是：各守本分，互谅互让，求同存异，理解万岁！

3. 防止斗殴

校园内同学之间交往频繁，由于性格不合、见解不一和利益冲突等原因，必然会引发各种各样的矛盾和纠纷，从而导致打架斗殴现象发生。打架斗殴是校园内的一大公害，成为在校大学生违法违纪行为的主要表现之一。

《普通高等学校学生管理规定》第四十二条规定：学生不得有酗酒、打架斗殴、赌博、吸毒等违反治安管理规定的行为。

第一，防突发性斗殴的"偏方"——说服术。

突发性斗殴往往是由偶然起因，冲突双方不能冷静对待而引起的。制止这种斗殴首先应采取说服的方法，针对不同的对象，认真讲清道理，指出"行少顷之怒，丧终身之躯"的严重后果，使冲动的头脑迅速冷静下来，不自酿苦酒。

在游泳池，一同学跳水时不慎撞到另一个同学的身上，他钻出水面后连忙道歉，然而被撞的同学却不予谅解，怒气冲冲爬上岸来，叉腰喝道："有种的你上来。"水中这个同学十分冷静，他清楚地知道，应以理智告诫自己和提醒对方。于是考虑一下便说："我不上去。但我要向你说明，我不是不敢打架，我知道打架不是解决问题的办法。咱们毕竟是受高等教育的人,我怕周围这些人笑话,何况打完架咱俩都得受处分。"仅此短短一席话,达成了双方共识,紧张气氛骤然消失,不少同学也过来劝解,一场干戈即刻烟消云散。

第二,防报复性斗殴的方法——攻心术和暗示效应。

报复性斗殴往往产生于某种奇特的变态心理。在生活中,人们的思想动机必然要从言语、行为等方面显露出来。所以,我们要注意关心同学的思想变化,发现问题及时而又有针对性地进行规劝。同说服术一样,所不同的是攻心术以关切为先导,不直接指出对方的错误,因为那样容易引起对方的反感,或置对方于十分难堪的境地。大学生一般来说自尊心都是很强的,所以,应委婉相劝,攻心为上,用一种相似的人或事来善意暗示对方。让对方自己觉悟,从而领悟到同学之间的情谊。

第三,防演变性斗殴。

演变性斗殴一般有较长周期的滋生过程。同学们长期生活在一起,不可避免地在思想上和生活上会发生一些摩擦和冲突。而有些伤人感情的话语容易生成积怨,引发斗殴。

第四,防群体性斗殴。

大学生完全能够从纷繁复杂的生活现象中分辨是非,判断正误。但是为帮同学、老乡或朋友而进行群体性斗殴的现象却也时有发生。

教育学家认为,一句话能改变别人的行动。大家也许记得姜昆、唐杰忠合说的那段关于礼貌的相声吧。在公共汽车上,一个教师不慎踩了别人的脚,对方斥责道"看你那德性",这个教师诙谐地说"惯性",众人哗然。可以看出知识分子处理纠纷有一定的独特性,生活中口出谦词和口出狂言将会是两种结果。

第五,遇上别人打架怎么办?

如果遇上别人打架斗殴,请别火上浇油,为防止事态扩大,希

> 与人说理,须使人心中点头。
>
> ——周恩来

望同学们做到以下几点。

一是不围观，不起哄，不介入。

二是如果想劝解，应当先问明情况，站在公正的立场上做双方的工作。若劝解无效，应迅速向学校有关领导或保卫部门报告，以防事态扩大。

三是打架的一方如果是你的同学或熟人，在劝解时要主持公道，不可偏袒。在采取隔离措施时，应当首先拉自己的同学或朋友，以免被对方误解为"拉偏架"，或者将你当作对方的"同伙"而使你受到无故伤害。

四是当学校有关部门调查打架真相时，现场目击人要勇于出来向有关部门提供线索和证据，以保护受害人的合法权益，使肇事人受到惩处。

守网法，讲网德，拒网瘾

计算机网络具有的高智能性、高隐蔽性等特点，对广大在校学生来说具有诱惑性。由于上网而影响学业甚至导致学生走上歧途的例子不胜枚举，可以说，青少年正成为计算机违法犯罪的高危人群，大学生更应该特别注意预防各类"网络心理症"。

（1）好奇和尝试心理。学会了使用计算机就想练练手，想试试自己能否破解别人设置的电子密码，一发不可收拾。

面对网络有时需要　做个「沉思者」

（2）畸形智力游戏心理。自恃身怀计算机绝技，把网络当成施展高智商的天地，解密攻关成瘾，专门挑战军事部门、政府机关，搞非法揭秘活动。

（3）恶作剧心理。缺乏社会责任感和自我约束能力，法纪观念淡薄，拿别人开"网络"玩笑，给别人制造电子麻烦，捉弄人。

（4）侥幸心理。认为利用计算机干违法的事只是一瞬间，留不下什么痕迹证据，认为执法机关精通计算机的人不多，未必能侦查破案。

（5）图财牟利心理。据美国的一项研究表明，促使犯罪者实施计算机犯罪的最有影响力的因素是个人财产上的获利，其次是进行犯罪活动的智力挑战。

（6）报复心理。因为与人有矛盾纠纷或感到遭受不公正的待遇等情况，实行网络报复。

（7）网络偏执狂（网狂）。美国一项最新的网络调查结果表明，每天上网时间超过5小时的网民就已经成为轻度"网狂"，他们与别人的面对面交流减少，迷恋虚拟世界匿名交流，像吸毒一样上瘾，无法自拔。其本质上是逃避现实生活中应承担的人际关系责任，而匿名进行网络聊天不需要对其他匿名者承担任何责任。

（8）互联网综合征。有的大学生上网成瘾，"珍惜"上网的分分秒秒，连上厕所都舍不得离开电脑，甚至有买了许多纸尿裤备用的"网瘾"报道。另据《中国青年报》2000年4月报道，上海某大学一学生，一段时间以来，每天早晨8点进机房，晚上9点才出来，沉醉于虚拟世界，产生了网络性心理障碍。

守网法，讲网德，做规矩网民

（1）每个大学生都必须认识到，利用计算机进行违法犯罪活动是严重危害社会的行为，是法律严厉禁止的行为，是不道德的，是非常可耻的，会受到法律的严厉制裁。

（2）大学生要讲究社会公德和IT职业道德，要用掌握的计算机知识技术服务社会、造福社会，不要滥用智商和青春从事危害国家利益、集体利益和公民合法利益的活动，不要以任何目的危害计算机信息系统安全。

（3）要尊重他人的知识产权和通信自由，不要进行网上侵权活动。

（4）要尊重公民的个人隐私权，不要进行电子骚扰或网络性骚扰。

（5）不要做"黑客"，也不要做"黄客"（沉迷在淫秽信息中的人）。法律禁止利用互联网查阅、复制、制作和传播宣扬封建迷信、淫秽色情、赌博、暴力、凶杀、恐怖,教唆犯罪的信息。

（6）要做诚实的互联网用户。不要制作、传播谣言、虚假信息或搞恶作剧愚弄别人,扰乱社会秩序。

（7）要珍惜匿名权,要做文明的"网虫"和聊天客,不要因为以虚拟人的身份进入虚拟社会就肆意妄为、无法无天、胡言乱语。

（8）要慎独慎微,不要因为独自操纵一台电脑就放松遵纪守法意识,无视社会公德,降低个人道德水平。

我的发展我努力

亲爱的同学，你是否已经完成了从中学生到大学生的蜕变？面对大学的学习你该掌握哪些方法？丰富多彩的社团活动你该何去何从？憧憬的爱情是不是会如期而至？面对网络你又该知道些什么？

接下来，将告诉你答案……

一、大学的"学"

学生的主要任务是学习。如何学习？如何进行有效的学习？这方面的学问还是蛮大的。

自主学习,掌握科学的学习方法

学习要自主　大学的一门课程通常是一周 2～4 节课,按一学期上课 18 周计算,总共才 36～72 个课时,可见课堂时间是非常有限的。而大学教材几乎都是大部头,动辄几百页,因而老师要完成教学任务就必须一堂课几十页地讲。一些同学会抱怨大学老师讲课太快,内容不够详尽,这其实是对大学的教学方式认识不足所致。简而言之,大学课堂学的是"知识的精要",真正的功夫是下在课堂之外,同学们要做自己学习的监督者。

自学要做到:课前预习,课中勤学,课后复习,适当扩展。上课前预习教材相关内容(建议同学们在学期初把教材以浏览的方式过一遍,这样一是对将要学的东西有一个整体的认知,二是便于日后在预习中能"以后补前",前面一些内容你读时可能不理解,但读到后面部分就会豁然开朗)。问问自己"我读懂了什么?""哪些问题还不太理解",做预习笔记。带着问题去听课,你会发现自己听得更专心。课堂上老师的讲解会让你茅塞顿开,会给你新的启发,同时你要做好课堂笔记。课后复习,把笔记整理补充好,若预习时产生的问题老师没有讲解到或是自己仍理解不透,要及时向老师寻解,不要把问题拖后,否则会被遗忘或不了了之。

学习方法要得当　刚入学的同学习惯老师天天陪伴、督促、被动接受知识的中学学习方式,对大学的学习特点和规律一无所知,面对大学的教学方式感到无所适从,学习成绩明显下降。能不能掌握良好的学习方法,能不能养成良好的学习习惯,不仅直

师傅领进门,修行在个人。

正确的方法是成功的捷径。

接关系到学习的优劣成败,而且对今后的发展至关重要。学习不仅需要决心、胆识,更需要谋略、决策。如果一个中等智力水平的人掌握并运用了科学的学习方法,其学习效果可能会比自恃智力高而没有掌握科学的学习方法的人要好些,这正如一个体弱的人使用杠杆和支柱可以移动身强力壮的人单凭双手搬不动的拦路巨石一样。学习方法的问题确实不可轻视。

因而,同学们迫切需要通过向老师同学取经等各种渠道,尽快了解大学学习的特点和规律,并根据自己的实际情况,迅速摸索出一套适合自己特点和大学学习特点的学习方法。谁能最快地掌握大学学习方法,谁就能尽快地适应大学生活。下面几点关于大学学习的建议供同学们参考。

（1）学习要有准备。在学习之前,应事先准备好疑问,听教师的指点,与同学讨论,预测实验的结果,等等。这些和学习效果有直接关系,如果把这些培养成终生的学习习惯,必然地会促进学习活动有效开展。这是属于"怎样学习"的问题。

（2）注重"学习方法"的学习。所谓"学习方法"的学习,是指在各种学习活动中,一定要有共同的学习方法和态度,并配合学习的定势(主观愿望、意志、动机等)去学习。在学习之前要阅读有关资料、图表、公式、定律和说明等,寻找必须的参考书,仔细观察、记录、分类、整理、归纳感到疑惑不解的内容。没有这样的预习习惯,将会妨碍学习的意志。如果在开始正式学习之前预先掌握有关方面的知识和经验,会对即将学习课程的审题或思维方式产生影响。

（3）养成三种学习习惯。在学习时,应该注意培养以下三种习惯。一是多向自己提出疑问:"奇怪?""为什么?""为什么是这样?"由于人们的兴趣、知识与经验不同,这种感受方法也有差异。有些同学想问题深刻,能够击中要害,有些同学提问肤浅,不能发现问题的关键所在。但无论如何,都需要独立思考和提出疑问。二是力争自己找出答案。为了解决提出的疑问,同学们应激发起自己努力寻求答案的内驱力。不要去找现成的答案,应苦思冥想,把自己找出答案习惯化、行为化。例如,应当时刻考虑:究竟什么地方还不清楚? 到哪里去找答案? 哪些资料是必要的? 怎么解释是正确的? 从认为正确的资料中或自己头脑中已获得的知识、经验中去寻找,选择有作用的、能起解答作用的材料。三是要求自己想出解决问题的办法。在搜集调查到的材料和认为必要的解释与方法都准备就绪后,就进入解决问题的阶段。同学们可以考虑多种多样的解决方法,经过实际练习、操作或试验,从中找出正确的解决方法。

上述三点一旦养成习惯,解决问题的能力就会逐渐提高,学习就会主动和有效。

重视课堂,请教师长

要不要进教室上课?怎样上好课?对学生而言,这样的问题似乎显得多余。但是,发生在大学校园里一些大学生轻视课堂教学的事实,让我们不得不在这里对刚刚步入大学的新生们道一声:认真上好大学里的每节课,是获得大学学习成功的最基本环节。没有每节课作"基石",就难以矗立起学业这一大厦。

有的同学认为,老师讲课不好,上课没意思。持这种观点的人把自己不去上课的责任全推给上课的老师。在现实中,确实有讲课不精彩、不认真的老师,与学生理想中的好老师有较大差距。然而,大多数老师是爱岗敬业的,会把课本的内容与自己的研究结合起来,并去寻找最新的有关资料。若能认真地听老师上课,应该有"听君一堂课,胜过半天工"的效果。长期以来的实践证明,老师对学生的课堂引导作用毋庸置疑。所以,在现有的大学教学模式中,课堂教学所占的份额仍是最大的。与其在上课时打瞌睡或做其他事,让时间白白浪费,还不如认真地听上两节课。课后会发现,这毕竟有相当的收获。其实,退一万步说,就算这个老师讲课确实很差,但如果一堂课中,有一个观点或一句话对你有影响,那么你这堂课就没有白来。

有的同学把课程分为"主要课程"和"次要课程"。这种观点与中学时把非高考科目列为"副科"颇为相似。在平时的学习中,这些同学会自觉或不自觉地把那些自认为与专业学习没有多大关系或者与未来就业关系不紧密的课程归为次要课程,认为认不认真听都关系不大,只要到考试前突击一下就行了,而且考试的目标也"务实"地定在"通过就行"。于是在这些课程的课堂教学中,不认真听课的人特别多。不但在课堂上如此,就是在平时的学习计划中,也鲜有这些课程的身影。但是,值得注意的是它们的内容,有不少正是如今同学们最缺的东西。比如,对工科同学而言的人文类课程和基础理论类课程,对文科同学而言的科技类课程,从表面上看这些课程与同学们的就业和专业学习没有太大的关系,但是事实证明,决定同学们今后事业发展能走多远的恰恰是这些课程知识。

学校对每门课程的安排都是经过认真思考的,之所以在教学计划中列入这些课程,其目的是全面培养同学们的能力,使同学们的知识结构更加合理,可持续发展能力更强。因此,同学们切不可轻视这些所谓的"次要课程"的学习!

保证课堂学习质量的两个关键

认真听好老师的课,做好课堂笔记。

为什么要记课堂笔记? 在学校有一种现象比较特殊,那就是在考试前,学校的复印点生意兴隆,原因是一大批同学平时上课不记笔记或不认真记笔记,临到考试时,慌忙找班级中记笔记记得较好、较完整的同学借笔记去复印。由于记笔记时必须用眼(看老师的板书)、用耳(听老师讲解)、用手(在本上做好记录),同时还必须用心(紧跟老师的思路,认真分析老师的讲解),因此,记好笔记的过程,也就是上好课的过程。

怎样才能记好笔记? 同学们可以参考以下方法。

(1)做好笔记的准备。准备一个比较容易保存、容易整理的笔记本,如活页本、硬抄本等;在笔记本上事先按一定比例画线分割每一页,左半部分(70% ~ 80%)用来记录,右半部分用于课后整理、复习时补充相关内容,如自己的观点、参考书上的材料,等等;准备好用来记录的笔,不要在到教室后才发现自己没有带笔或者记录到一半时发现笔不听使唤。

(2)记录时,尽可能采用自己熟悉的缩写词以加快记录速度。如果老师讲的是书本内容或者某一参考资料上的东西,可以直接注明内容所在的页码;记录一段内容结束,可以隔一行另写,以使笔记层次分明。

(3)若没听清老师的讲话内容,可以暂时留下一段空白,在课后借同学的笔记进行参考或者请老师复述一遍。不要在课堂上就慌忙借同学笔记、问同学,这样不仅可能打断同学的思路,也会影响课堂秩序,另外还会听不清老师接下来要讲的内容。

学会向老师请教

善于提出问题,勇于向老师请教。凡是涉及学习的问题,既可以是学习方法上的问题,也可以是学习技巧上的问题。大到一门课的学习,小到每一章节的掌握、某题的解题思路等,都可以向老师请教。不要为自己的问题是否太幼稚而担忧,只要这一问题是你"百思不得其解"的,就可以提出来。感觉自己没有问题,提不出什么问题来,并不是一个好现象,但千方百计想出来的古怪问题,也不值得提倡。大家都知道,矛盾是社会发展的动力,人类社会正是在提出问题、分析问题和解决问题的过程中发展和进步的。问题的提出,往往反映出一种思路,是学识的综合体现,而解决问题,只不过是一种方法。很多时候,提出问题比解决问题更重要,尤其在一些关键问题上要向老师多请教。如学本门课程要看哪些参考书目,学好本门课程的关键学习方法和思维方法是什么,该如何选择课程设计或毕业设计题目等。

对老师的观点不一定照单全收,要批判地继承,尤其是一些新兴学科或专业,人文学科更应如此。老师在课堂上提出的某些观点、看法,实属"抛砖引玉",同学们可以保留对某一事物的看法,同时还可求教于老师。当好学生,不仅要好学,而且要善于思考,善于分析问题。在大学课堂上,时常出现这样的现象:老师提出问题请同学回答,或者老师请同学上讲台发表对某一事物的看法,但很少有同学会主动举手或主动上讲台。这往往是学生的思想在作怪:别人都没有主动争取,我那么主动干嘛?俗话说"枪打出头鸟",还是"谦虚"一点好;再说要是回答得不对或不得要领,该多不好意思。需要向同学们指出的是,应该努力争取身边的每一次机会,培养自己,锻炼自己。

熟悉制度，自觉学习

同学们在镇江高专要度过三年的大学时光，了解学校关于学分和学籍的管理制度是十分必要的。下面这些要求，对同学们来说十分重要，请同学们了解，并自觉遵守。

我校实行的是学分制，文科类专业学生三年内必须修满 120 个学分，理工科类专业学生三年内必须修满 125 个学分，差一个学分都不能毕业。

我校要求学生获得英语等级考试 A 或 B 级和江苏省计算机一级等级证书，方可毕业；获得教学计划规定的专业技能等级证书方可毕业（各个专业要求不一样）。

一门课程如正考没有及格，则在下学期有一次且仅有一次免费补考机会。如果补考仍不及格，就只能重修，重修可不是免费的，按规定每个学分要交 98 元。如果同学们平时认真一点，这个钱完全没有必要花，完全没有必要再向含辛茹苦的父母伸手要这个重修费！

此外，新生入学后第一学期末所得学分、老生每学年第一学期末所得学分少于或等于该学期教学计划规定总学分的一半时，系部会向学生提出书面警告，并通报其家长。学生在每学年期末未获得该学年教学计划规定学分总数的一半，则在下学年第一学期开始实行退学试读。试读期间，仍不能完成规定的学分数，则令其退学。

同学们自觉努力学习吧！想想父母供你读书是多么不容易！想想今后到社会上去没有真本领是多么难受！请同学们珍惜时间学习吧，珍惜来之不易的学习机会吧！切不可"白了少年头，空悲切"！

奖助学金政策及勤工助学

学校每年 10 月份对新生进行家庭经济情况调查，在调查核实的基础上建立贫困生和特困生档案。通过开通绿色通道和奖、贷、助、免、补、勤等途径解决贫困学生的实际困难。

1. 奖学金、助学金

国家奖学金奖励对象：我校全日制专科二年级以上（包括二年级）中特别优

秀的学生。国家奖学金的奖励标准为每人每年8000元。

国家励志奖学金奖励对象：我校家庭经济困难的全日制专科二年级以上（含二年级）学生。国家励志奖学金的奖励标准为每生每年5000元。

国家助学金资助对象：我校家庭经济困难的全日制专科学生（其中含五年制高职四、五年级学生）。国家助学金平均资助标准为每生每年3000元。

同一学生在同一学年内不可兼得国家奖学金、国家励志奖学金，但获得国家奖学金或国家励志奖学金的学生可以同时获得国家助学金。

2. 生源地助学贷款政策

江苏省生源地信用助学贷款是指国家开发银行江苏省分行委托各级学生资助管理中心和结算代理金融机构，向家庭经济困难的普通高校新生和在校生发放的，由学生在入学前户籍所在地办理、以借款人信用作担保的助学贷款。学生和家长（法定监护人）为共同借款人，共同承担还款责任。

生源地信用助学贷款用于学生在校期间的学费和住宿费，按年度申请、审批和发放，每生每年不超过6000元。生源地信用助学贷款统一采取向资助对象所在高校汇款的方式发放，不得向借款人发放现金或向其他账户转账。

借款学生凭生源地借款合同及县级学生资助管理中心出具的贷款回执到其所在高等院校办理入学注册手续，并在10月20日前将盖章确认的合同回执原件寄送县级学生资助管理中心，否则视同学生撤销生源地贷款申请。

详细内容可查阅江苏省教育厅主办的江苏教育网。其他省份的学生请参照所在省份的资助办法。

3. 勤工助学

通过自己的劳动，解决生活中的困难应是每一个贫困学生的第一选择。勤工助学，不仅可以减轻同学们的经济负担，还给了

江苏教育网
www.ec.js.edu.cn

同学们了解社会、拓展知识的机会，更有助于调整同学们对未来就业的期望。学校倡导和支持家庭经济困难的学生利用课余时间从事健康有益的勤工助学活动，通过参加一定的劳动，取得相应的报酬。学校开展勤工助学活动的宗旨是"立足校园、服务社会"，开展的原则是学有余力、自愿申请、信息公开、扶困优先、竞争上岗和遵纪守法，在不影响正常教学秩序和学生正常学习的前提下有组织地开展。

校园内主要助学岗位：

（1）助管类：学生参与校园管理，帮助教师完成办公室的日常事务、维持校园正常秩序、公共服务设施的维护等。

（2）助教类：学生协助教师做一些教学相关资料和教学设备的准备工作，协调教师与学生间的沟通等，成为教师的教学秘书，比如文档的输入、档案的整理、报纸的收发、节假日的值班等。

（3）助工类：包括教学楼的卫生保洁、图书馆整理图书、收发信件、门卫值班等工作，如学校食堂餐厅的服务员、绿化部门的兼职员工，校内教室、马路、楼道卫生的清扫人员，在图书馆协助老师做好卫生保洁工作，整理书架等。

校外主要勤工助学岗位：

（1）劳务与技能类：是指用自己的体力和专业技术进行的活动，包括餐饮行业的服务员、销售、社会调查、软件开发、广告设计等。

（2）学知类：是指应用一定的专业知识或特长进行的工作，属于较高"含金量"的服务型行业，如家教、写作编辑、翻译等。

（3）商务类：是指运用学生个人的商业头脑和交际能力进行的商业活动，如促销、中介等工作。

在校园内勤工助学，不仅能使同学们增加对学校的了解，加深与老师的沟通，还能增强主人翁意识，培养同学们的管理能力。而在校外勤工助学则能使同学们尽早地接触和了解社会，学会应对社会的复杂局面，真正了解劳动的意义。

二、我和我的集体

积极向党组织靠拢

　　自觉遵纪守法、注重文明礼貌、提倡助人为乐、讲求诚信、学会感恩和懂得合作应该是当代大学生通过自身努力和学校教育所要达到的基本目标。但是,要真正地做一名优秀的大学生必须要给自己定下更高的标准和要求,为自己找一个更有利于自身发展完善的环境。中国共产党是中国工人阶级的先锋队,是中国特色社会主义事业的领导核心,是一个先进的政党。因此,大学生应当积极向党组织靠拢,并按照一名党员甚至是一名优秀党员的标准,严格要求自己,努力做个志向远大的人。

　　入党问题实际上是一个信仰选择的问题。信仰是指对某人或某种主张、主义、宗教或神极度相信和尊敬,拿来作为自己行动的榜样和教程。概括地说,信仰是人对世界观、人生观、价值观等的选择和持有。只有具备坚定的信仰,才会执著地去追求,才能给自己指明奋斗的目标和前进的方向。一切有志于积极追求进步的青年学生,都应该确立科学的信仰和追求,积极向党组织靠拢,争取早日加入中国共产党。

1. 大学生为什么要争取加入中国共产党

为了更好地完成历史赋予的使命　青年学生是祖国的栋梁之才,是社会主义现代化的建设者和接班人,党的十六大提出了"全面建设小康社会"的目标和要求,这一目标的实现离不开当代大学生的支持和奉献。青年是国家的未来和希望,今天的大学生是将来各条战线上的生力军,有的还将承担起领导的重任。因此要有正确的政治方向来引导大家,同学们要把自己交给党,在改革的浪潮里摔打,在革命的熔炉里成才,把自己培养成忠诚的马克思主义者,才能无愧于历史赋予你们实现祖国振兴的伟大使命,把老一辈无产阶级革命家开创的事业进行到底。

为了自己的身心得以健康成长　大家都知道,事物的发展是内外因共同作用的结果。一个人不会自然而然地从一个普通人一下子变成无产阶级的先锋战士,争取入党不仅需要个人的主观努力,还需要党组织的教育、培养与帮助。党组织的教育能使个人更好地学习政治理论,用先进的理论武装头脑,形成科学的世界观、人生观和价值观,确定今后努力的方向,避免走弯路,使自己更快成熟起来。有决心追求进步的同学可以坦诚地向党组织表明自己的入党愿望,通过申请入党,对自己提出更高更严格的要求,做到自我加压,化压力为动力,督促自己,鞭策自己,争取不断进步。

2. 大学生加入中国共产党必须具备哪些基本条件

《中国共产党章程》(简称《党章》)第一条规定:"年满十八岁的中国工人、农民、军人、知识分子和其他社会阶层的先进分子,承认党的纲领和章程,愿意参加党的一个组织并在其中积极工作、执行党的决议和按期缴纳党费的,可以申请加入中国共产党。"

《镇江高专关于进一步做好推荐优秀团员作党的发展对象工作的意见》规定:"凡二十八周岁以下的青年入党,一般应从团员中发展,发展团员入党,应经团组织推荐,使推优工作逐步成为党组织发展团员入党的主渠道。"

镇江高专学生一般在二十八周岁以下,按照上述规定,所以一般应先加入中国共产主义青年团,并努力使自己成为一名优秀共青团员,才能推荐为党的发展对象,进而加入中国共产党。

3. 大学生应该怎样向党组织靠拢

加入中国共产党对于大学生来说,无疑是个十分美好的愿望,但这一美好愿望的实现,还要靠广大青年学生自身的不断努力。同学们要通过进一步了解党的基本知识,坚定入党的决心;同时要不断端正入党动机,从思想上先入党;并在此基础上以党员的标准严格要求自己,以实际行动积极向党组织靠拢,做到行动上也入党,争取早日实现组织上入党。

正确认识党的性质,进一步坚定入党的决心。《党章》将党的性质表述为:中国共产党是中国工人阶级的先锋队,同时是中国人民和中华民族的先锋队,是中国特色社会主义事业的领导核心,代表中国先进生产力的发展要求,代表中国先进文化的前进方向,代表中国最广大人民的根本利益。

不断端正入党动机,从思想上先入党。入党动机,指的是一个人要求入党的基本出发点和目的,是一个人"为什么要入党"的问题。

对于一名大学生来说,以实际行动积极向党组织靠拢,最重要的是要做到以下三个方面:第一,努力学习科学文化知识,掌握为人民服务的本领。在校大学生,要以学业为本,争取优异成绩,学好本领,将来才能为社会,为人民作贡献。第二,建立一种融洽的同学关系,并在同学中起模范带头作用。大学生要在日常的学习生活中取得同学的信任,与同学融洽相处,建立良好的群众基础。第三,积极参加各类社会工作和社会实践活动,在为社会和为同学服务的过程中增长才干,锻炼能力。总之,只有在学习、工作和生活中起带头作用,才能早日在组织上入党。

4. 大学生入党的基本程序

为了确保发展党员的质量,确保党组织的先进性和纯洁性,进一步增强党组织的凝聚力和战斗力,发展党员工作必须严格进行。大学生要成为一名光荣的党员,必须要经过以下 11 个主要程序:

(1)向系部党总支递交入党申请书。申请书的主要内容包括:对党的认识,入党动机和对待入党的态度,个人在政治、思想、学习、工作和作风等方面的主要表现。对个人主要情况的介绍,要对照党员的标准,认真地进行回顾与总结,切忌流于形式,应写明自己打算如何发扬优点,改正缺点。

(2)按时递交思想汇报。递交入党申请书后,入党申请人应至少每季度向党组织递交一份书面思想汇报,主要是汇报自己的政治思想和学习工作等情况,以及对当前的形势和中心任务的看法和态度,特别应针对自己存在的不足剖析其主客观原因,表明今后努力的方向,要紧密联系个人的思想实际,写得明确、具体、深刻。

(3)确定为入党积极分子。党总支每半年对所有的入党申

入党誓词

我志愿加入中国共产党,拥护党的纲领,遵守党的章程,履行党员义务,执行党的决定,严守党的秘密,对党忠诚,积极工作,为共产主义奋斗终身,随时准备为党和人民牺牲一切,永不叛党。

二、我和我的集体

请人进行一次全面考察,综合其思想、学习、工作和生活等各方面的表现,通过党支部大会把入党申请人中的优秀者确定为入党积极分子。

（4）推荐优秀团员作党的发展对象（简称"推优"）。团组织通过开展团员评议工作,推荐优秀团员作党的发展对象。团员中要求入党的积极分子,没有经过"推优",一般不能发展为党员。

（5）确定发展对象。党总支按照《党章》的规定,坚持德智体全面发展的原则,对推荐出来的人选,在听取培养联系人和党内外群众意见的基础上,采取与本人谈话、查阅有关档案资料等方法,对推荐人选进行认真细致地政治审查,并形成审查意见,集体讨论确定发展对象。发展对象原则上从经过 9 个月以上培养的积极分子中挑选。发展对象培养时间不应少于 3 个月。

（6）参加校党校培训。发展对象必须参加校党校培训,并获合格证书。未经校党校培训或培训未能通过者,不能发展入党。

（7）公示。发展对象要进行公示,接受群众监督。公示由系部党总支负责,公示时间一般不少于 7 天。

（8）召开党员纳新大会。党支部将发展对象的《中国共产党入党积极分子考察表》、《入党申请书》、学习成绩卡、《政审报告》、党校结业证书、"推优"表、个人思想汇报交学校党委组织部,审核同意后组织发展对象填写《入党志愿书》并撰写自传。党总支在相关材料准备充分后,召开纳新大会,严格按照《党章》规定的程序接收发展对象为预备党员。其中,申请入党的人要有两名正式党员做入党介绍人。

（9）审批与审查。纳新大会结束后,党总支将所有准备好的相关材料报学校组织部审批,由校党委最后审定。党总支广泛听取党内外群众意见,组织专人同申请人进行谈话,将谈话的具体情况和自己对入党申请人是否能入党的意见如实填写在《入党志愿书》上,并向校党委组织部汇报。系部党总支将所有材料送交校党委组织部审查。经组织部审查盖章后,党支部应通知预备党员本人并在党员大会上宣布,并正式公布。

（10）入党宣誓。预备党员必须面对党旗宣誓。入党宣誓仪式一般由党委组织统一进行。

（11）预备党员转正。预备党员的预备期一般为一年。在预备期内,预备党员至少每季度向党总支递交一份书面思想汇报。党总支通过听取汇报、个别谈心、集中培训等方式，对预备党员进行教育和考察。入党介绍人负责《预备党员考察表》的填写。预备期满后，预备党员向党总支提出转正申请。经由党总支大会讨论通过，并经过校党委的审查和审批后，即为正式党员。

5. 毕业生党员如何接转党组织关系

党组织关系接转是一个非常严肃的问题，有具体严格的接转程序和要求，因此，每一位毕业生党员都要认真对待，在毕业离校前亲自到相关组织部门办理。

已正式签约分配单位的毕业生党员：由本人向所在单位咨询好党组织关系接收部门及接收单位的上级组织部门（指可在全国范围内互相接转的单位），再由本人到相关部门开出党组织关系介绍信，并在介绍信有效期内到指定单位（介绍信抬头）办理接转手续。

未就业毕业生党员：未就业的毕业生党员可将其党员组织关系转移到本人或父母住地的街道、乡（镇）党组织。组织关系办妥后，如本人需长时间外出，就要按流动党员进行管理，到新的组织申请办理《流动党员证》及相关手续。

接转程序有以下几点：

（1）转出程序：经本人向所在党支部申请→学校党委组织部开具介绍信→镇江市委组织部（镇江市委组织部也只能开到可在全国范围内直接相互接转党员组织关系的党组织）→逐级接转到你所要去的单位党组织。

（2）毕业生党员应在毕业前到所在党支部填报《毕业生党组织关系转递登记表》，了解清楚党组织关系办理程序，及时办理党组织关系转递手续。

（3）批量转出可到所在党支部登记后，由总支组织委员统一到学校党委组织部开出党组织关系介绍信，个别转出可持身份证和党费证直接到学校党委组织部办理。

（4）党组织关系接转一般由本人直接办理，不得委托他人。介绍信要严肃对待，妥善保管，对丢失介绍信的党员，会给予批评教育，情节严重的还应作出适当的党纪处分。

（5）党员必须在有效期内持《党组织关系介绍信》到所指定的党组织报到，不得贻误。确有人为不可避免的原因而贻误报到的，应在事后及时向党组织交代清楚，并持超期《党组织关系介绍信》向原党组织申请重新开具《党组织关系介绍信》。

（6）如果持组织部门开出的组织关系介绍信报到时，发现介绍信抬头不对，需要重新更换介绍信的，必须把原介绍信交回原开介绍信的组织部门，且在介绍信有效期内原组织部门才能重新开具介绍信。

（7）毕业生中的预备党员到新单位后，一定要及时与原来和新的党组织取得联系，一方面告知原党组织如何邮寄预备党员材料，另一方面在新组织内按时交纳党费，过组织生活，定期向党组织递交思想汇报，到期提前一个月向党组织提交转正申请书，申请转正。

6. 不断加强党性修养，做一名合格的共产党员

大学生在成为正式党员后，对自己的要求不能有所松懈，而应该不断加强党性修养，努力做一名合格的共产党员。对大学生党员来说，加强党性修养就要具体落实到学习、生活、工作等各个方面，应该做到：专业学习上认真刻苦，努力钻研，成为学习上的优秀者；日常生活中艰苦朴素，不讲排场，不铺张浪费，成为生活中的楷模；积极参加社会工作和社会实践活动，在为社会、为同学服务的同时努力提高自己解决实际问题的能力和领导水平，成为工作上的先锋。只有这样，大学生党员才能进一步完善人格，做一个名副其实的高尚的人。

个人离不开集体

德国心理学家斯普兰格说："没有谁比青年人从他们孤独小房里，更加期待用憧憬的目光眺望窗外的世界了，没有谁比青年在深沉的寂寞中更加渴望接触和理解外部世界了。"联合国教科文组织也明确指出，教育的目的是使学生学会求知、共处、做事和做人。在大学里，首先要学会做人，学会融入集体，其次才是学会做对别人有用的人。真正善于学习的人，懂得从小事中学会为人处世，在融

入集体的过程中懂得彼此尊重,赞美别人。

融入集体是生命的需要。曾经有一位大学新生,刚入校时人生地不熟,跟别的同学没有争执冲突,也没有什么交往。同宿舍室友三三两两地结伴而行,几乎把他遗忘了。他苦于人际交往的困惑,百思不得其解,只好求助心理咨询中心。一位高年级的学长接待了他,和他聊了很多,也给了他很多建议。他终于明白了自己的不足,开始积极融入集体。他给自己定了一个目标,每天帮助其他同学做三件事。看见同学时他也开始主动打招呼,同学们渐渐感觉到了他的变化,他也渐渐摆脱了先前的孤独感。

人际关系和社会交往能力标志着一个人的心理健康水平。心理学家马斯洛的需要层次理论表明,每个人都有一定的社交需要,如果一个人被别人抛弃了,或者被一个团体拒绝了,这个人将无可避免地会产生孤独感,精神受到压抑,严重者还会产生无助、绝望的情绪。

有人分享,快乐加倍;有人分担,痛苦减半。

在文学名著《鲁宾逊漂流记》里面,鲁宾逊所乘的船被风浪击沉后,随海浪漂流到一个无人居住的小岛上,开始孤身一人的生活。为了战胜孤独,他先是养了一只狗,后来发现了一只猫,接着他抓到一只鹦鹉并教会它说话,于是听到了"人"的声音。后来,他趁吃人部落在荒岛上举行仪式时,解救了一名黑人,取名为"星期五",并教会他说话。但直到后来他又进入了社会,有了自己的朋友,他的孤独感才完全被克服。

现在的大学生大多是独生子女,由于受父母的呵护和溺爱,其中一部分人形成了以自我为中心的心理倾向。在大学新的环境里,同学们需要做的是,尽量多认识新同学,结交新朋友,从以自我为中心,向以集体为中心转变,多关心别人,互相礼让,尽快融入集体,成长为高素质人才。主讲哈佛最受欢迎的选修课——幸福课的讲师泰勒认为,要多和朋友们在一起,拥有亲密的人际关系是一个人拥有幸福感的信号。

成功人格＝自信＋快乐的习惯＋合理的思考＋喜爱工作＋合群

1. 融入集体的方法和技巧

融入集体对大学生身心健康发展具有十分重要的作用。对于刚踏入大学校门的新生来说,一切都是新的,新环境、新同学、新目标。一般情况下,大学新生都有一个逐步适应、逐步融入的发展变化过程。在这期间,由于彼此陌生、个性差异等因素,不可避免地会造成人际交往方面的问题。因此,掌握融入集体的方法和技巧,对于大学新生尽快适应新的环境,具有十分重要的意义。

沟通有助于融入集体　沟通,对于建立良好的人际关系,更好地融入集体有很大的作用。沟通的作用就如同呼吸对于生命的意义。拥有良好人际关系的人能够得到更多的理解和支持。当他们面临挫折和失败时,自我走出困境的可能性也更大,受挫时间也会更短。反之,则容易长时间陷入负面情绪,长久不能走出阴影,甚至会导致身体或心理上的疾病。同学们可以在互助中拉近与集体的距离,比如真诚待人、乐于助人、善解人意等,具备这些素质的人往往更受欢迎。一个关心别人、不以自己为中心的人,自然会得到大家的欢迎。因此,多关心他人,多看到别人身上的闪光点,是融入集体的关键一步。

自信帮助你融入集体　一个没有体验过友谊、感受到集体乐趣的人,是不会想到要融入集体的。而没有真正融入集体的人,经常会陷入这样的一个"怪圈"之中,即未体验友谊的好处——不去发展友谊——体验不到友谊的好处。在每一个群体当中,总有一部分人存在着自卑、自我封闭、不善交流等现象,从而增加了融入集体的难度。与此相反,一个自信的人很容易融入集体之中。自信的人能设定符合自己实际的期望,能以稳定平和的心态虚心向别人学习,从容展现自己,而这是与他人合作的第一步。因此,同学们首先要学会悦纳自我,明白这个世界总有不完美的地方,不要抱怨,要懂得宽容,增强自信,勇于尝试,加强人际交往。

认真投入才能融入集体　认真投入、热忱参与到生活中去的人,才能够真正融入集体之中。有利他想法,并能够付诸实践,这是融入集体的基本要求。

只有这样才会得到众人的接纳和认可，才会收获更多的友谊和支持。对于人生而言，生命之旅就是一个不断适应环境、改善自我的过程。

人类学习的本质就是学习适应，学习融入周围的环境和集体之中。

2. 协力创建优秀班集体

共同的奋斗目标是班集体的理想和前进的方向，如果没有共同追求的奋斗目标，班集体就会失去前进的动力。所以，一个良好的班集体应该有一个共同的奋斗目标，这个目标应是远期、中期、近期目标的结合，逐步实现目标的过程会产生梯次激励效应，形成强大的班级凝聚力。班委会要和班主任一起结合本班学生的思想、学习、生活实际，制定出本班的奋斗目标。在实现班集体奋斗目标的过程中，要充分发挥集体中每个成员的积极性，使实现目标的过程成为教育与自我教育的过程。每一个集体目标的实现，都是全体成员共同努力的结果，要让他们分享集体的欢乐和幸福，从而形成集体荣誉感和责任感。

（1）培养正确的舆论和良好的班风

一个良好的班集体要形成正确的舆论和良好的班风，以此来规范每个学生的行为。正确的舆论是一种巨大的教育力量，对班级每个成员都有约束、感染、熏陶、激励的作用。在扶正压邪，奖善惩恶的过程中，舆论具有行政命令和规章制度所不可替代的特殊作用。因此，班内要注意培养正确的集体舆论，善于引导学生对班级生活中一些现象进行讨论、评价，形成"好人好事有人夸，不良现象有人抓"的风气。

发挥班委会和骨干的核心力量　一个良好的班集体，必须拥有一批团结的班干部，他们负责组织班务工作和管理学生。这些人是同学的榜样，他们组成班集体的核心，有了这个核心，才能带动全班同学去努力实现集体目标。班干部要努力做"双强双优"型学生干部，即政治强、能力强、品德优、学习优。同时，学生干部还要加强培养组织能力、独立工作能力和敢做敢为的能力。

健全规章制度,严格执行纪律　所谓"没有规矩,不成方圆"。作为班集体这个复杂的大家庭,若没有一套健全的、符合学生心理和性格特征的纪律、制度为保障,想要创建一个优秀的班集体便是一句空话。因而,健全适宜的规章制度在班集体管理中显得十分重要和必要。只有严格执行规章制度,才能建立正常的班级管理秩序,从而保证优良班集体的形成、巩固与发展。

开展各种有意义的教育活动　集体活动能发挥娱乐、导向、育人的功能,班主任和班委会要积极组织学生参与学校各项有意义的活动,在活动中,促进学生相互关心,尊重理解和协作的关系。许多优秀班级的经验表明"寓教育于活动中"对实现班集体的共同目标,促进班级每一个人的健康成长都是行之有效的。教育活动则需根据不同年级的特点来确定。最后,良好的班集体的形成还需要有一个优秀的班主任,才能更好地完成以上工作。

（2）镇江高专优秀班集体评选类别及标准

十大优秀学风班级评选标准:班主任工作责任心强,威信高,工作效果好;班委会、团支部组织健全,班干部得力,班级经常开展学风建设主题教育活动、学习竞赛活动,并有记录;各种班、团工作正常,有计划、记录、总结;班级凝聚力强,班级学生积极参加校系各类活动,表现突出;班级学生朝气蓬勃、奋发向上,递交入党申请书比例较高;班风正、学风浓,班级学生无考试作弊等违纪受处分现象;班级文化课考试平均成绩在全系名列前茅,考试及格率高;班级学生英语三级、计算机一级考试通过率高;班级学生积极报名参加自考、考证、专转本考试,且通过率高;日常管理各项指标名列前茅。

省级先进班集体评选标准:班级有政治坚定、团结协作、以身作则、联系群众的班委会;有积极上进、团结互助、遵纪守法、崇尚科学、热爱集体、朝气蓬勃、文明健康的良好班风;有严谨求实、刻苦钻研、奋发向上的优良学风;班级同学踊跃报名外语、计算机、各类职业资格证书、自考、转本等考试,且通过率高;积极参与校风建设和争做文明先锋活动,保持良好的宿舍卫生和个人卫生,全班同学都达到《国家体育锻炼标准》规定标准;近年曾被评为校先进班级或"五四"红旗团支部,且班级无严重违纪现象。

校"五四"红旗团支部评选标准:团支部组织健全、分工明确,能定期召开民主生活会,能正常开展组织生活,进行正常的组织发展工作,按期足额收缴团费;能够把握学校人才培养模式,组织团员青年开展丰富多彩、健康向上、有鲜明主题的文体活动,促进校园文明建设、推动素质教育;开展的活动能够涉及支部每一位成员,具有广泛的群众性;开展工作时富于创造性和连续性,以良好的工作效果和独特的工作形式,体现团支部工作的特色;加强基层团支部建设和团员教育成效显著,团支部的战斗堡垒作用和共青团员的先锋模范作用发挥较好;团档管理规范,材料齐全,内容丰富;一年来上报团委的各种材料真实齐全,无延误。

3. 宽容,是建设和谐快乐集体的关键

民族英雄林则徐有一幅著名对联:"海纳百川,有容乃大;壁立千仞,无欲则刚。""海纳百川,有容乃大",就是讲人的胸襟要宽广,要能容人。同学们从四面八方来到镇江高专,三年之后,又要从这里奔赴五湖四海。人海茫茫,聚也匆匆,散也匆匆。在这短暂的相聚中,能有一个和谐快乐的集体,是大家共同的缘分。而这和谐快乐的集体氛围,要靠我们共同来营造,关键是大家要有一颗宽容的心。无论是今天在学校与同学相处,还是明天走向社会与同事相处,都要拥有这颗宽容的心。对人宽容,既有利于结交朋友,也有利于自己的身心健康。宽容,是建设和谐快乐集体的关键。

有容人的胸襟,首先要敢于认错。人非圣贤,孰能无过。有了过错,就要马上改正,并极力予以挽救和弥补,尽可能减少过错带来的损失。但事实上我们往往不容易做到。曾经有个测试题,说:如果你不小心丢了100块钱,感觉好像丢在某个你走过的地方,你会花200块钱的车费,去把那100块找回来吗?你肯定回答说,不会,那样简直超级愚蠢。可是,相似的事情却在人生中不断发生。做错了一件事,明知自己有问题,却死不认错,反而花更多的时间找借口,企图替自己开脱。为了一个错误,很多人用更多的错误去弥补,结果错上加错。在美国的西点军校,就听不到"借

口"这个词,"没有借口"是这个学校的历史传统。因此,做人应该勇敢面对自己犯的错误,不要依赖借口生活。

有容人的胸襟,重要的是能宽恕别人。对于别人的过错,尤其是别人的过错给自己造成一定损失的时候,我们应该持有何种态度?

一般来说人们会有三种态度:

第一种是群起而攻之。当即一口恶气吐出,痛快淋漓,但这样做的结果往往是两败俱伤。憎恨别人,就像为了逮住一只老鼠,而不惜烧毁自己的房子,但并不一定能逮到老鼠。

第二种是淡而处之。暂时忍耐,不予理睬,像抹去脸上的蛛丝一样,眼珠子都不转一下,让时间抹平表面的伤痕。但这样做,往往会留下永久的心结。

第三种是宽而恕之。以积极的心态宽容他人的过错,高姿态、巧把握,以诚待人、以诚交心,感而化之,最终握手言欢。

在这三种态度里,以宽恕最佳,但也是最难做到的。要做到"宽而恕之",必须"三容"。一是要有容人之心,就是说,这样的宽容,必须是出自本意,自觉主动,不作秀,不勉强,既快乐容人,也使被容之人快乐。二是要有容人之量,就是说要有容人的气度和雅量,特别是不苛求自己的容人之意马上为他人所接受,所理解,要允许别人有一个接受和转变的过程。三是要有容人之策,就是说要讲究容人的技术策略,艺术得体,尽量做到雁过无痕、润物无声、不事张扬、不留痕迹,以免伤人自尊,真正做到容人于无形之中、细微之处。

应该说明的是,有容人的胸襟决不是软弱无能的表现。宽容并不等于懦弱,这是在用爱心净化世界。大家应当熟悉《将相和》的故事。古代赵国上卿蔺相如用他博大的胸怀宽恕了大将廉颇的傲慢无礼,为了赵国的利益,他收起了完璧归赵时那怒发冲冠的意气,放弃了渑池赴宴时寸步不让的斗志。老将廉颇最终被蔺相如的大度所感动、所折服,当他负荆请罪、屈膝一跪之时,金山倒、玉柱折,百炼钢化作绕指柔。"将相和"让强大的秦国不敢小觑赵国,使赵国得以立身中原,从而书写了一段千古美谈。蔺相如的完美人格形象也一直为后人所追崇。宽容,是人世间永恒的爱与被爱。投之以木桃,报之以琼瑶,把宽容插在水瓶中,她便绽出新绿,播种在泥土中,她便长出春芽。乐于、敢于、善于容人者,才会被人容,受人敬。

如何当好学生干部

成为高校学生干部是大学生们培养锻炼自身能力的最佳途径。优秀的学生干部要靠榜样的力量，人格的魅力，领导组织同学们开展各种有益的活动。

1. 做"双强双优"型学生干部

"双强双优"型学生干部，即"政治强、能力强、品德优、学习优"。

政治强　要求学生干部要有政治敏锐性和政治鉴别力，有坚定的理想信念，有正确的世界观、人生观和价值观。青年大学生有着强烈的热情，易于冲动，学生干部也不例外，但是在政治问题上要有政治敏锐性和政治鉴别力。

能力强　要求学生干部要有完成本职工作的能力和履行自身职责的水平，善于和同学们一起认真学习科学文化知识，积极参与社会实践活动，结合自身实际创造性地开展工作。学生干部要贯彻"群众路线"——从同学中来，到同学中去，不摆架子，不讲空话。学生干部归根到底是为同学服务，要放低心态，踏踏实实地为同学办实事，不做学生官，争做学生友。

品德优　要求学生干部有优秀的政治品格和良好的道德素质，要遵守学校的各项规章制度，起到模范带头作用。

学习优　要求学生干部要带头刻苦学习，钻研业务，成绩优良，大家共认。

2. 学生干部如何处理好学习与工作的关系

（1）以学习为本，摆正正餐与甜点的关系

如果说学习是主食，那么大学期间的工作就是零食，如果说学习是正餐，那么大学期间的工作就是甜点。为什么这么说呢？正餐要吃好，否则会饿肚子，甜点要有选择，并且要适量，不然吃多了会闹肚子。具体到大学期间的学习和工作中来看，学习是根本，必须学习好才算合格的大学生，工作是辅助，是为了锻炼同学们未来踏上社会所需要的基本技能，比如人际交往的能力。工作和学习如果有冲突，要以学习为本。大家都知道宪法是我国的

班级合影

"根本"大法,怎么讲是"根本"呢?就是当其他的法律或规范性文件与宪法相冲突的时候必须根据宪法做修改或废除。同样,如果学习和工作冲突了,就必须以学习为根据,改变工作方式方法,提高工作效率,多多跟老师、同学沟通取经,争取使工作水平提高到能够与学习齐头并进的程度。

(2)有时间就学习,有任务就工作

大学期间的学习和工作本身并不是矛盾的。老师布置的工作往往都可以在课余时间完成,而且任务安排也是很合理的,有分工,不会让一个人花费太多精力,也就是说是一个团队来完成一件工作,每个人只需要完成一部分工作就好了。有时间就学习,有任务就工作,拿到工作尽快做完就不会影响到学习了。所以,学习和工作本身在时间上是可以兼顾的,而且事实上,确实有很多学生干部处理好了学习和工作的关系。

3. 学生干部的努力方向

立足本职,努力学习。遵章守纪,尊师爱校。

小事做起,乐于奉献。大局意识,维护稳定。

克服困难,经受考验。开拓进取,勇于创新。

三、在社团活动中提升自己

高校学生社团是最具普遍性和参与性的学生组织,是大学生展示自我的一个舞台,通过丰富多彩的社团活动,学生可以充分发展兴趣爱好、锻炼组织协作能力、实现个人素质提升。社团已经成为一种独特的校园文化,丰富着大学生的生活。

向你推荐学生组织

1. 学生联合会(简称学生会)

学生会是由我校优秀学生组成的,接受校党委直接领导,在校团委指导下的学生组织。校学生会本着"勤奋、严谨、务实、创新"的精神,开展多姿多彩的活动,丰富同学们的校园文化生活,并积极参与学校建设,在学校与同学之间,同学与同学之间,发挥桥梁与纽带的作用。校学生会共设 7 个部门:办公室、宣传部、调研部、女生部、文艺部、体育部、综合服务部。各系还设有学生分会。

2. 学生自律委员会(简称自律会)

学生自律委员会是在学生工作部的直接领导下团结和带领广大学生,依照学校的规章制度以及大学生自律委员会的章程,加强学生日常行为管理、服务广大青年学生的一个学生组织。学生自律委员会倡导学生"自我教育、自我管理、自我服务",把"教育引导为目的,监督检查为手段"作为工作指导思想,培养学生的自我管理能力、社会工作能力。自律会共设 5 个部门:早操管理部、晚自习管理部、校园管理部、伙食管理部、宿舍管理部。

3. 广播站

广播站以校园文化为主线,及时准确地报道校园生活,宣传好人好事,集新闻性、知识性、娱乐性于一体,立足全校,服务于广大师生,活跃校园文化生活。广播站结合重大节日开设特色栏目,如纪念"五四"运动专栏、普通话宣传周、志愿者活动宣传月、大学生就业创业指导等专栏。广播站还培养了一大批校园主持人,在校园的各种晚会中都有他们的身影,为同学们提供了一个成长成才的园地。

4. 大学生勤工助学中心

大学生勤工助学中心是为家庭经济困难学生创造德智体全面发展的环境、提供参加社会实践的机会、提供有效的资助以补充学习和生活费用的机构。该机构主要培养特困生自尊、自强、自立、自助的精神，通过有组织的勤工助学方式，解决特困生的经济困难，培养他们各方面的能力，使特困生成为全面发展的人。

学生社团的类型

1. 理论学习类社团

理论学习类学生社团集聚了大批品学兼优的学生，他们积极开展思想政治类教育活动，近年来，社团的规模、社团建设的规范性以及社团活动的内涵方面都有明显的发展。例如大学生吕凤子研究会、国防教育协会、天平法律学社、正则协会等，在提升学生的政治理论水平和思想境界方面起到了积极的作用。大学生吕凤子研究会和正则协会是为了纪念和研究我校丹阳校区（原江苏省丹阳师范学校）的创始人，我国著名的艺术教育家、国画家吕凤子先生而成立的，这两个社团经常性地开展走访、研讨等活动，充分挖掘和利用校本资源，弘扬"正则"精神和"爱无涯"、"美无极"的道德思想，协会会员撰写的有关吕凤子先生的调查研究报告获江苏省大学生社会实践调查报告二等奖。

2. 文学类社团

文学类学生社团是校园文化建设中的重要力量，其成员具有既大众化又带有专业性的特点。进入这类社团的参与者一般都具有专业特长，他们将兴趣爱好充分体现在社团活动中，往往更能够产生很好的活动效果。例如《春潮》杂志社、《夜航船》杂志社、清洲文学社、亦心文学社、文学协会等。这些文学社团的成员多次在省、市各类征文比赛中获奖，《春潮》杂志社荣获江苏省大学生优秀社团。这类社团经常开展一些主题活动，因为有刊物、

丰富多彩的文化艺术活动

大学生素质拓展营训练营

《春潮》杂志

报纸、橱窗、网站等多方位的展示，在校园中影响较大。

3. 学术科技类社团

学术科技类学生社团以满足成员对知识的需求为基础，以提高学术水平和实践能力为目的，通常与专业学习和学术研究结合较紧，带有较强的专业实践性质和多学科交流的特点，是学生第一课堂学习的有益延伸。例如科技协会、计算机协会、心理协会等。科技协会的家电维修小组，经常在一起切磋技术，每年多次走进居民社区开展家电维修，并在校内坚持常年免费维修小家电。这些社团在学生社团中有很强的生命力。

4. 志愿服务、社会实践类社团

志愿服务、社会实践类学生社团主要是以开展志愿服务、社会实践活动进行勤工助学或提供社会服务为内容的社团。随着我国改革开放不断深化，志愿服务、社会实践类社团在我校发展很快，例如我校的大禹志愿者协会、各系青年志愿者服务队、礼仪协会、广播站、礼仪队、旅游协会等。他们定期组织活动，帮助各类困难群体，进行志愿服务和社会实践，收到显著的效果。全校各级青年志愿者服务队开展的"保护母亲河系列活动"卓有成效，多次受到媒体的报道，为此学校被评为"全国保护母亲河先进集体"。

5. 体育健身类社团

体育健身类学生社团是由具有相同的体育爱好和兴趣的同学，结合全民健身运动的开展，为提升自身在该项活动中的技术而组建起来的学生社团，主要有球类、技击类、健美舞蹈类等。例如我校的足球协会、篮球协会、排球协会等，这些社团在相关专业老师指导下开展活动，承担学校年度各类比赛的组织工作。技击类社团，以跆拳道协会为主，跆拳道协会聘请了专业教师进行指导；健美舞蹈类社团，主要有健美操协会、女子俱乐部等，深受学生欢迎。

6. 综合艺术类社团

我校的综合艺术类学生社团和其他高校的此类社团一样占据着相当大的比重，这类社团的特点是成员较为固定，其中有一些很有凝聚力且有很强艺术能力的核心成员，这些核心成员影响了社团的存在和发展。例如大学生艺术团、阳光话剧协会、摄影协会、音乐协会、吉他协会、书法协会、英语大视野等，他们受社会新潮艺术的影响，或与专业学习相结合，或自编自导自演，集自娱自乐和灵感创作于一体,是学校里较为前卫的学生社团。

选择加入你感兴趣的社团

九月是新生入学的季节,校园里又会多了一批洋溢着青春活力,张扬着梦想,憧憬着未来的年轻面孔。大学生活是丰富多彩的,多去尝试,你的生活将会变得更加充实,面对数目繁多的社团组织,大学生们该如何做出自己的选择呢?

兴趣很重要　社团的种类是多种多样的,但并非所有的都适合自己。大学生选择社团时首先考虑的应该是自己擅长什么和是否感兴趣。个人的兴趣、爱好不同,擅长文艺的同学可以到话剧团、合唱团或舞蹈团;喜欢演讲的同学可以找到演讲协会、文学社;爱好运动的同学有体育协会作为挥洒兴趣的天地;珍惜环境爱好自然的同学可以参加环境保护协会;喜欢新闻采编的同学,记者站、广播站是你们施展才能的舞台;热衷摄影的同学不妨到摄影协会去体验一下。如此多的社团,只要感兴趣,同学们总能找到最适合自己的一个。

选择不可过于草率　选择社团时,要综合多方面的因素和条件,考虑清楚后再做决定,切不可草率。一些同学匆匆忙忙选了一个社团,呆了一段时间后觉得不适合,就很快放弃,可谓"来也匆匆,去也匆匆",结果什么也没学到,浪费了时间和金钱。

不可贪多　参加社团组织固然好,但其前提是不要与正常的学习相冲突。有的人觉得社团活动丰富多彩,很有意思,就一连参加好几个社团,整天不是到这个社团开会,就是去那个社团值班,如此忙碌,难免顾此失彼,更有甚者会严重影响学业,得不偿失。建议新生选择一两个自己最感兴趣、最擅长的社团即可,毕竟学生还是要以学习为主。

功利性不可太强　抱着功利性的想法去参加社团是非常不可取的。有的学生觉得参加社团可以在每年的综合测评或品德考评时加分,从而获得诸如"社会工作奖"之类的荣誉;有的学生希望能够在社团中混个"一官半职",以此来提高自己的知名度;有的学生认为如果不参加社团,自己的经历太单调,将来的毕业简历上内容不够丰富……这些想法无疑会使原本纯洁的社团文化蒙上一层不纯洁的色彩。那么参加社团工作到底为了什么?社团为大学生提供了一个与人和社会接触的机会,从中可以提高自己的社交能力、实践能力、自制能力、生存能力,填补某些能力上的不足,也可以增进同学之间的相互了解,结识更多的新朋友。

认真对待社团活动 一旦入选某个社团,就得认真去做好社团的每一项工作,坚持到底。自己心里要清楚在社团中应该做什么,以及怎样培养社会实践能力,不要把社团中的职务看得过重,要知道不论做什么工作对自己而言都是很好的锻炼。

校园主要学生文化教育活动一览

时间	活动主题	活 动 内 容
九 月	新生入学教育	1. 校情、系情教育,班级组建,集体主义教育。 2. 学习指导,专业思想教育。 3. 法制教育,大学生管理规定教育、校纪校规教育。 4. 个人生涯设计,大学适应教育。 5. 举行开学典礼(礼仪教育)。 6. 开展消防教育和安全教育主题活动。 7. 入学教育内容书面测试,学生撰写心得或个人小结。 8. 团员关系转入注册,增强团员意识教育。
	新生心理普测、研究和教育活动	1. 进行心理测试,团体训练,跟踪教育。 2. 建立新生心理健康档案。
	非新生班开展系列主题教育活动	1. 举行新学期开学仪式。 2. 开展主题教育活动,召开主题班会,学生对上一学年进行小结,制订学年的学习计划,规划个人的目标。学习先进典型教育,法纪教育和校纪校规教育等行为规范教育。 3. 开展学生宿舍卫生、文明检查评比活动。 4. 开展贫、特困生思想专题教育,助学岗位公开招聘工作和品学兼优特困生评选活动。
十 月	新生军事教育	1. 进行军事技能训练。 2. 开展国防知识竞赛,国防讲座,报告会。 3. 开设军训理论课。 4. 开展"我爱国防、绿色的军营"等主题征文活动。 5. 开展宿舍内务训练,并组织评比和竞赛活动。

时间	活 动 主 题	活 动 内 容
十月	综合素质测评学年总评工作	对两个学期的综合测评成绩进行总评,并排定名次。
	《大学生素质拓展证书》认证和登记工作	对学生一年来参加各类教育、活动以及相关的成绩,全面的检查,并进行真实记载,完成学校规定的各项指标。
	开展学风竞赛和争先创优活动	争创优秀学风系部、优秀学风班级、学习型寝室、三好学生、校奖学金、政府奖学金,开展学风活动,评选表彰各类先进。
	学生暑期综合社会实践总结工作	暑期综合社会实践总结、交流、展览,评比表彰、学分汇总等。
十一月	专业技能展演月活动	举办英语、计算机、普通话等共用技能大比武活动,系部专业技能比赛活动,专业技能等级证书测试。
	学生党校入党积极分子培训班	组织学生参加党校培训,集中授课与实践活动相结合。
十二月	校园文化月活动	校园歌手大赛、演讲比赛、大学生健康宣传教育周活动、社区文化节、社团巡礼月、系部特色活动展示。
	党、团、学组织进公寓活动	多种形式的主题教育和社区文化活动。
	迎新年文艺汇演	师生同台、辞旧迎新活动。
一、二月	寒假综合社会实践活动	开展献爱心和送温暖等志愿者活动。
三月	道德文明教育月活动	团员民主评议活动、民主与法制专题教育周活动。
	青年志愿者学雷锋活动	团员青年共同参与,树立奉献、友爱、互助、进步的时代新风。
	基层团组织各类先进评选	评选优秀团员,优秀班干部,优秀青年志愿者,优秀协会会员,"五四"红旗团总支,"五四"红旗团支部,优秀志愿者集体,优秀社团等。
四月	"十佳青年"评选活动	两年评选一次,树立青年榜样,彰显青春风采。
	阳光体育运动	校运动会、篮球比赛、足球比赛等。
	学生党校入党积极分子培训班	组织学生参加党校培训,集中授课与实践活动相结合。
五月	"五四"大学生艺术节	社团巡礼月。
	毕业生系列教育活动	毕业生就业指导讲座、报告会等。
六月	考风考纪专题教育	进行端正考风,严肃考纪,诚信应考教育。
	毕业生鉴定工作	优秀毕业生评选。
七、八月	暑期综合社会实践活动	全面展开,人人参与。

四、让我们的心里充满阳光

"路漫漫其修远兮,吾将上下而求索"这句话可以用来形容同学们的大学一年级。大一是高中与大学的衔接时期,有很多事情都在改变。进入大学凡事都要靠自己,要学着去独立生活,一切更是要从头开始。生活学习环境变了,身边的人变了,你们肩上的责任也变了。在这样的时刻,需要的是勇敢面对,去适应这新的生活,寻找属于自己的梦想与未来。

校正航向是为了更快前进

1. 学会自我总结

光阴似箭,大学一年级的学习生活很快就过去了。在过去的一年中,同学们初步完成了从一个稚嫩的高中学生到一个会思考会实践的大学生的转变。

大一的生活,当初是这样的懵懂,这样的青涩,现在想来也是别有一番滋味。真是白驹过隙啊!这一年,没有太多的起伏,没有离愁别恨,没有痛彻心扉,没有喜极而泣,这么多的"没有"就像是一块块磨石,把自己的棱角逐渐地磨平,把身上的刺抚平,让躁动的心得到了难得的满足,可以时常静静地想起过往,体味回忆带给人的感动与幸福!但是,总也有情不自禁的青春火花,细细看一看,那些事是难以忽略的图画。

首先，当同学们步入这新的城市，寻找属于自己的、独立的生活，要学会自己照顾自己；学会独立面对问题，而是不依靠父母；学会把同学当做家人来爱护；学会思考很多在家里根本不需要考虑的问题。同学之间，要一起相互关心与帮助，互相理解与支持，共同进步。

　　其次，远离了家乡，身边的人也变了，而且都是来自各地具有不同性格类型的人。同学们要慢慢地学习交往，和陌生人慢慢地发展成为朋友，同学之间需要真诚对待。大学属于积累自己人脉的开端，这里也许就有自己未来的工作伙伴。再说，人总要去交往，大学就是个小社会，如果学不会交往，如何在学校生活，如何在社会生存呢？一个人不能一直生活在一个小圈子里，不能故步自封。试问，一个不懂交往而只懂学习的人又有什么用呢？社会是一个团体，而团结就是力量，只有当所有人拉起手来一同奋斗，才能构建一个美好和谐的社会。

　　再次，就是学习了。以前在家，同学们肯定有不愿意学习而被父母老师逼迫的时刻，而现在，完全要靠自己的克制力与毅力了。更何况在这只属于自己的天地里，加上我校地处闹市，周围环境复杂，各类娱乐设施较多，有太多太多的诱惑，阻碍着同学们奋斗和前进的步伐。同学们不但要学习课本知识，还要学习能够学习这些知识的能力，同时，还要在有限的时间内去学习适应社会的能力。

　　每天为了学习，为了提升自己，同学们上课，去阅览室，去图书馆，上自习，有时还要上网查资料。同学们不但要学好本专业的知识，掌握专业技能，还要利用课余时间去学习其他实用技能和将来的生存本领。

　　最后，就是要为寻找自己未来的出路做准备。同学们要学会制订自己的职业规划，只有这样，才有了目标，有了努力的方向，努力的动力。设计自己的职业规划是一个很有效的确立自己发展目标的方法。

大一有许多的东西需要去探索，有大有小，哪能一下说得清呢？也许就这一年的时间能让不少人找到自己未来之路的方向。上大学为了什么？不就是要让自己有个更好的未来。大学，才是人生路真正的开始，同学们才刚刚踏上征途。经过了一年的生活与学习，你们应该对未来充满了希望。

大学校园可以看做人生的实习基地，大学的时候，你们可以作各种尝试，尝试各种生存生活方式。大学是教育你们的地方，你们的过失会被遗忘，你们的错误会被原谅，你们的成绩、成果和成就将会加速你们即将开始的人生征程。所以，要好好努力，利用一切可能的机会学习新事物，了解新知识，去探索未知的世界。要勇于前进，不断开拓创新。

在从大一到大二的转变中，同学们必须学会总结，通过总结来提高自己各方面的能力。因为大二与大一有着诸多的不同，需要同学们花更多的时间去消化。那么什么是总结？为何要总结？怎样去总结呢？

总结是对一定时期内的学习工作加以总结、分析和研究，肯定成绩，找出问题，得出经验教训，摸索事物的发展规律，用于指导下一阶段工作的一种书面文体。总结一般可分为四个部分：情况概述、成绩和经验、存在的问题和教训、今后努力方向，其中最主要的是"成绩和经验"这一部分。每个人都有自己的理想，但如果不经常对自己的学习、工作进行认真的分析总结，明确自己的思路和方向，理想也就成了妄想。总结对于每个人来说，都是最好的老师，没有总结就没有进步；总结是一面镜子，通过总结我们可以全面地对自己的成绩与教训、长处与不足、困难与机遇进行评判，为下一步的学习理清思路，明确目标。我们每天都应该想想，这一天做了些什么、学了些什么，哪些是成功的，哪些是失败的，原因是什么，以后应该注意什么。这一切，别人或许不清楚，但自己不能不清楚！一天是这样，一月是这样，一年也是这样……记得有位伟人曾说过：凡是干大事的人，有抱负的人，都会时常总结自己的过去，总结前人的经验，为自己的将来铺路。

总结是推动学习前进的重要环节，总结是寻找学习规律的重要手段，总结也是培养、提高学习能力的重要途径。一个人学习能力的具体表现有两个方面：一是专业知识水平，二是解决、处理实际问题的能力。在实践中，二者常常是糅合在一起的，相得益彰。运用所学到的知识，处理实际的问题，并不断总结经验的过程，就是学习能力不断提高的过程。

作为大学生,在明确了总结的意义以后,必须学会自己总结,那是为自己的将来做准备。要想总结自己,得从以下几方面对自己作一次深入的剖析。

(1)从思想意识上。首先得从思想上分析自己,看现在的你和刚入校的你对周围事物的看法是否发生改变,是不是考虑问题和分析问题比以往更成熟,做事情是否更细致,自己的觉悟是否在提高,对自己的发展规划是否发生改变,如何向有利于自己发展的方向调整。

(2)从学习上。经过了一年的学习,同学们应该更加明确自己的学习方向。一年级的课程以公共课为主,二年级以专业课为主,这就涉及学习方法的改变,看看以前的学习方式是否还适用。同学们必须清楚知道自己在大一学到了什么,在大二将要学到什么,这都需要大家去思考。在大一期间获得了哪些好的学习方法,哪些方法还不对路子,哪些地方做得还不够,存在问题,需要改进,在大二时还需采取哪些其他方法,还有哪些自己感兴趣的知识需要去学。总结经验,利于大二的学习。如果说大一是学"懂",那么大二就是学"精",这样,才能更好地掌握专业知识和专业技能。或许,很多同学觉得大一的学习枯燥无味,与自己将来的工作无关、用不着。实际上不是这么回事,大一学的是基础,有了这个基础,才能更好地学习专业知识和技能。

(3)从课余生活中。课余生活占了同学们在校期间的大半时间,回想一下自己这段时间是如何利用的,是整天泡网吧、玩网游、聊 QQ,还是以其他方式混时间呢。众所周知,大学的时间只有短短的三四年,同学们要好好利用这个宝贵时间,锻炼自己的社会工作能力、人际交往能力、组织协调能力、动手实践能力和学习知识能力。同学们需要回过头来看看你们的这些能力有没有得到提升,哪些地方还存在不足。不管怎样,这些能力,等你走向社会以后,将是你们宝贵的精神财富,或许就能成为你将来的生存本领。有些同学可能担任社会职务,如学生干部或干事,那就更需要总结、分析一下自己一年来的工作做得怎样,哪些工作完成得很好,哪些还需要改进,哪些工作原本可以做好却因主观原因没有做得很好,处理事务的能力是否有提升。这些事情,都需要同学们在头脑里面像电影回放一样,一个个过一遍,从中得出经验规律,及时改正不足,提升工作能力。同时,课余生活中人际关系的处理也是一门学问,同学们要学会与来自不同地域、不同文化背景、不同性格人的交往,这个方面你做得怎样呢? 这个方面很能锻炼同学们的沟通能力。

总结以前的学习生活是为了更好地认识自我:要弄清楚自己到底想要什么? 想要成为一个什么样的人。总结出一套适合自己发展的规律和经验,遇到类似问题,不要再犯同样的错误。总结过去是为了更好地发展自己,改正自己的错误,弥补不足,同学们要学会在总结中不断成长,在总结中不断调整和完善自己的人生。

【 我的大一总结 】

----

2. 学会自我认识、自我剖析

要从此岸走到彼岸，就要有一座桥。要认识自己，也要有一座桥。这样的桥是无形的，它架在我们每一个人心里面。我们拥有这心灵的桥吗？要走上这座桥，就要认识自己。这种认识实质上是一种寻找，而不是通过照镜子认识镜子中的自己。这就如同生活的意义，要从生活中找到一样。这个寻找的过程，就是认识自己。

交往是人类社会活动的基本形式之一。在大学里，人际交往可以说是一门非教学计划内的必修课。从哲学的角度说，人们在共同生活过程中，通过交往，把彼此的力量结合起来，形成战胜自然、改造自然的生产力，在相互的活动过程中，又形成了一定的生产关系，生产力和生产关系的辩证运动推动了社会的不断发展。从社会学的角度说，人们在交往过程中，产生、发展、丰富了语言，形成了纷繁复杂的社会角色，演出一幕幕惊心动魄的社会戏剧，形成了独特稳定的文化传统。从心理学的角度说，由于交往，人类结出了美丽的智慧花朵，闪耀出丰富的情感火花，练就了钢铁般的意志品质，形成了千姿百态、五彩斑斓的性格特征。通过交往，人们实现了身心发展的需要，习得了生活、学习和生产的知识、技能，受到了社会文化的熏陶，逐渐形成了与社会要求相符合的行为方式。

早在2000多年前的春秋时期，俞伯牙、钟子期，高山流水，心心相印，引为知音；唐代诗人李白的名句"桃花潭水深千尺，不及汪伦送我情"，多么深沉；中国现代文豪鲁迅曾诚挚地给瞿秋白赠联"人生得一知己足矣，斯世当以同怀视之"，多么诚挚！总之，社会越进步，越发达，交往就越频繁、越广泛、越复杂、越深刻。在现代社会中，没有交往，简直无异于没有生活。怎样在交往的实践中结成和发展友谊，形成良好的人际关系，怎样使我们的交往更文明、更礼貌、更富有成效，这不仅是社会发展和精神文明建设的需要，也是促进个人发展、确保心理健康的需要。

经过一年的学习,同学们应该明确认识自我在个人发展的道路上有着重要的作用,那么大家又要如何正确认识自我呢?

　　第一,客观的自我认识是建立良好人际关系的重要前提。"横看成岭侧成峰,远近高低各不同。不识庐山真面目,只缘身在此山中。"苏东坡这首脍炙人口的诗歌因为它真切生动地描绘了庐山的迷人景色而流传千古,如果细心揣摩一下,这首诗也包含了对社会、对人生哲理的探讨,在认识自我的问题上,又何尝不是一个美妙的注脚呢? 古往今来,人们想了解又最难了解的正是自己。"认识自我"是一直萦绕在人们心头的一个难题。

　　其实,所谓"认识自我",就是作为主体对自身的认识,对自己与周围关系的认识,如自我感觉、自我评价、自我监督、自我控制、自尊心、自信心等。自我认识是主观的"我"(I)对于客观的"我"(me)的理解和觉察。自我认识在交往活动中能够发挥重要的作用。有的人过高地估计自己的能力,给自己提出不切实际的目标,盲目冒进,结果弄得鸡飞蛋打。也有的人过于自卑,对自己的评价低于自己的实际水平,因而畏首畏尾,委靡不振,一事无成,甚至自暴自弃,破罐破摔,做出一些有损他人利益的举动。如果不能很好地认识自我,调节和控制自己的言行,的确很难处理好人际关系,成为一个受人欢迎的交往者。所以客观的自我认识是建立良好人际关系的重要前提。

　　其次,了解自己的需要是自我认识的主要任务。对于自己需要情况的评判是了解自己的重要尺度。美国人本主义心理学家马斯洛把人的需要看成是个金字塔,由低到高分为:生理需要、安全需要、社会需要、尊重需要和自我实现的需要五个层次。对于需要情况的评判,有助于你了解自己的需要,并有助于你从较低的需要层次向较高的需要层次迈进。需要是激发人们去从事某种活动的推动力,人的任何活动归根到底都是为了满足某种需要。因此了解自己的需要水平是自我认识的主要任务之一。

　　第三,自我认识的主要途径。

　　自我开放有助于认识自我。如果一个人离群而居,把自己锁在自我心灵的小圈子里,他就不可能得到友谊,也不可能真正地认识自我。因此自我开放是认识自我的前提条件。当然自我开放也是有一定限度的,一个人不可能也不应该没有自己的隐私。而且自我开放也有个地点、对象的问题。如果在大街上当众披露自己的个人隐私,别人一定觉得你神经有毛病;同时你也不会对那些搬弄是非、喜欢把你的事张扬出去的恶人开放。一般是向彼此比较了解、知道对方情况的知心朋友倾吐个人的心事。

通过别人的态度认识自我。把别人对自己的态度作为一面心理镜子借以认识自我。正如心理学家柯里所说"人与人之间可以互相作为镜子,都能照出他面前的人的形象"。别人是肯定你、尊重你,还是否定你、怠慢你? 是乐于和你交往,还是故意和你疏远? 这是不难察觉的。如果是前者,那就说明你有一些令人愉悦的优点应加以发扬;如果是后者,说明你有一些令人讨厌的缺点应赶快改正。但是别人的态度只能作为参考,难免会有歪曲、夸张、偏爱、成见和缺乏了解等原因,因此不妨与更多的人接触,那样对自己可以了解得更真实些。

与别人相比较认识自我。马克思说过:"人起初是以别人来反映自己的。"在自我认识的形成中将经历一个"社会比较过程"。在社会生活中人们结成了一定的生产关系和社会关系,难免把自己与其他的社会成员进行比较从而确定自己的位置和形象,有比较才有鉴别。与自己生活圈子内的人相比较,往往会限制自己的视野,使人故步自封,夜郎自大。因此还要常常与历史上的圣哲、英雄、学者相比;与外地的同行相比,这样可以使自己看到"山外有山",发现差距,从而激发向上的力量。

通过工作和学习成果认识自我。在丰富多彩的现实生活中每一个人都具有各自的特点和才能,有人擅长书画,有人精于琴棋,有人具有高超的组织能力,有人具有突出的科研能力。俗话说"三百六十行,行行出状元"。现实生活要求我们主动参加活动,通过活动的结果发现自己的特长,挖掘自己的心理潜能,提高自己的社会价值。同时通过活动的结果发现自己的弱点,从而有针对性地克服弱点、扬长避短。

第四,培养自控力、自尊心和自信心是认识自我的主要目的。在交往过程中,自信心、自控力和自尊心等三种心理品质有着十

四、让我们的心里充满阳光

分重要的意义,这三种优秀心理品质在自我认识的结构中处于核心地位。只有具备自控力,才不会过于顶真,为区区小事而得罪朋友;只有形成自尊心,才能尊重自己的人格,维护自己的荣誉,做一个高尚的交往者;只有树立自信心,才能使人冲破害羞的屏障,主动与人结成友谊。

所谓自控力,也叫自制力,是人们控制和调节自身行为的一种能力。自控力是坚强意志的一种表现,有自控力的人才能为了达到目的而控制自己的情感,约束自己的言行。前苏联教育家马卡连柯曾说过:"伟大的意志不仅善于期待并获得某种东西,而且也善于迫使自己在必要时拒绝某种东西。没有制动器就不可能有机器,没有抑制力也就不可能有任何的意志。"自控力在交往中的主要表现是能够用理智和意志的力量去驾驭冲动的消极激情。

所谓自尊心,是指尊重自己的人格,维护自己的荣誉的心理品质。自尊心在交往过程中表现为能恰当地看待自己,不卑、不亢,爱惜名誉;同时能够尊重别人,但不容自身的人格受到侮辱。

所谓自信心,是指人们相信自己有能力实现一定愿望的心理状态。只有自信,才能使人自强不息,不达目的不罢休。建立自信心是我们每一个人的需要,是我们交往成功的前提条件。

总的来说,正确的认识自己在人生道路上有着重要的作用。莎士比亚笔下的李尔王曾经在极度愤怒和痛苦时喊道:"谁能告诉我,我是谁?"愿同学们都能在交往的实践中重视认识自我,有一天能够乐观而愉快地对自己说:我能告诉你,我是谁!

3. 及时调整完善个人发展计划

随着社会的发展,中国的教育事业也取得了日新月异的变化,接受高等教育的人越来越多。随着现代教育机制的灵活化,即使是某一单位、某一企业的高中生、中专生,都可以通过社会教育或者自学教育成为有着大学学历的大学生。所以大学生不再在人们心目中有着高不可攀的地位。

面对如此严峻的就业形势,同学们必须认真规划一下自己的发展。个人发展规划可以说是成长道路上的一个重要环节,犹如指路航灯般重要。进入大学一年来,随着思维的日渐成熟和个人素养的提高,同学们会发现刚来学校时制订的个人发展规划,已经出现了许多意想不到的变化。原来的个人发展规划是刚入大学时带着憧憬之情制订的,具有一定的理想主义色彩,那时对许多校园事物还不了解,计划制订具有一定的片面性。目前这个阶段可以说同学们的思维从主观回到了客观,面对现实,你先前的职业兴趣和价值观是否发生了改变。同学们需要及时修正自己的发展规划,直至调整到合适位置上。在调整完善自己的发展规划时,得从综合素质发展的角度出发,即包含你们的职业技术能力和个人能力。

二年级,是同学们在镇江高专学习的一个十分重要的阶段。大二是学习专业知识的关键一年,你们所学的课程将是专业课程,也是提升专业技能和掌握将来生存本领关键一年。这一年当中,你们不但要学好专业技能和实践动手能力,而且要学习锻炼自己与人沟通的能力和组织能力,这些能力都应该在个人发展规划中体现出来。个人发展规划的调整是为了你们的发展有一个更加明确的方向,有了方向,就可以向这个方向前进。

胜者注视的是问题的答案,而败者只看到答案的问题;胜者往往是答案的组成部分,而败者往往是问题的组成部分。胜者有计划,败者有托词。胜者常说:虽有困难,还是办得到;败者常说:虽然办得到,但是太困难。

同学们,要相信自己,朝着既定的目标努力,你们将来一定是社会有用的人才和社会接班人。

意志是成才的推进器

人生在世,如白驹过隙,转瞬即逝,每个人都不想虚度此生。如果在即将离开这个世界的时候,回首往事,心里能够有一种"世界因我而更美好"的欣慰和自豪,人生就具有了足够的"影响力"。

1. 对人生发展的认识

人为什么要活着　人为什么要活着?要回答这个问题,就必须先弄清人到底是什么。人首先是一个生命,即肉体的存在物。有了肉体这个载体后,才有了人的感情、意志、思想、灵魂以及人的社会性。由此，人为什么活着的问题也就分解成了六个部分。一是为了肉体存在而活着，通俗地讲，就是为了满足肉体的种种欲望。二是为感情而活着，"生命诚宝贵，爱情价更高"。三是为意志而活着，就是追求出人头地，获得比他人更优越的地位。四是为思想而活着，思想自由是人们最高的信条。五是为灵魂而活着，世界上大多数宗教即属此列。六是为社会而活着，应该说这是人生的最高境界，因为前面的五种人生态度实际上都是为了自己，而只有这一种才超越了自我。

在远古的原始时代，由于生产力水平低下，人类首先面临的是生存问题，因此，对人们来讲，活着也就仅仅是为了满足肉体存在的需要。到中世纪的封建时代，宗教占据了统治地位，人们活着就是为了上帝，为了来世能进天堂，放弃了人的欲望、感情。到了文艺复兴时期，人们不再相信有天堂，活着就是为了享受现实的幸福，追求肉欲和情欲的满足。到了近代，自由成了人们新的生活目标。到了现代，由于作为理性主义产物的科技带来了种种负效应，加上两次世界大战的发生，在西方出现了种种非理性主义的人生观。只有在马克思主义出现以后，才把社会性看做人的本质，强调人活着是为了社会，人的价值只有在社会活动中才能得到充分体现和最终实现。因此，马克思说"为人类工作"，中国共产党人强调"全心全意为人民服务"，为我们当代高职学生的人生指出了一条光明的大道。

人生理想与追求　理想是人们在现实基础上形成的具有实现可能性的对未来的向往和追求，是人们世界观在奋斗目标上的集中体现。人类对自身现状的永不满足，对美好未来的不懈追求，就产生了理想。

理想的类型　理想包括社会政治理想，即对未来社会制度和政治结构的设想、追求和向往；道德理想，即指人们所向往和追求的理想人格，做人标准；职业理想，即人们对未来职业的选择和要达到何种成就的向往和追求；生活理想，即人们对一定的生活方式、生活标准，以及对物质生活、精神生活、家庭生活的向往和追求。

社会政治理想、道德理想、职业理想和生活理想之间是互相制约、互相联系的。其中，社会政治理想是最根本的，它决定和制约着道德理想、职业理想和生活理想，起着主导和支配的作用，调节和控制着人们的思想和行为。一个人有了崇高的社会理想，就会产生高尚的道德境界和强烈的责任感、事业心。因此，社会理想是一个人全部理想的核心，只有树立了远大的社会理想，才能自觉地把个人的前途和命运同社会的发展和进步联系起来，把个人的工作和生活变成为社会理想奋斗不可缺少的一部分。

人们常说："人生的海洋宽广而深邃，有了理想，才不至于迷途，才不至于在惊涛骇浪中迷失自我。"如果把人生比作海洋，把理想比作指南针，那么追求就是乘风破浪的帆。我们也常常习惯于将人生看成路，可什么是"路"？鲁迅先生说："世上本没有路，走的人多了也就成了路。"李白说："行路难，行路难，多歧路，今安在？"人生之路只有一条，自己的路只能自己走。所以很多人都会选择属于自己的路，而路途中的未知数只有走过的人才知道。

尽管如此，为什么还有那么多的人走在那些不为人知的路上呢？因为在历尽千难万险的雨后，有理想的彩虹吸引着我们；跨过了"难"这道门坎，我们就能敲开理想之门。有多少人望着理想说："理想是天上的星星，是可望而不可即的。"于是还没开始就退缩了，他们或怨天尤人，或自我放逐"闲来垂钓碧西上，呼复乘舟泛江边"。所幸的是，世界上还有这样一部分人，他们说："理想如星星，虽可望而不可即，但我可以像水手一样，用它来指示方向。"他们有着"长风破浪会有时，直挂云帆济沧海"的追求。人生不能没有追求，没有追求的人生就如同没有马达的汽车，将会是一堆破铜烂铁。

2. 对人生意义的理解

大学阶段对人生发展的作用

进入大学，同学们终于放下了高考的重担，第一次开始追逐自己的理想和兴趣。这是你离开家庭生活，第一次独立参与团体和社会生活。这时你不再单纯地学习或背诵书本上的理论知识，第一次有机会在学习理论的同时亲身参加社会实践，第一次不再由父母安排生活和学习中的一切，而是有足够的自由处置生活和学习中遇到的各类问题，支配所有属于自己的时间。大学是人生的关键阶段。这是因为，这可能是你一生中最后的一次机会来系统地接受教育，可能是你最后一次能够全心学习知识，可能是你最后一个可以将大段时间用于学习的人生阶段，也可能是你最后一个可以拥有较高的可塑性、集

人生是一篇自己创作的乐章，或许充满激情，或许带着哀伤，或许平平淡淡，或许高低跌宕。

四、让我们的心里充满阳光

中精力充实自我的成长历程。这也许是你最后一次能在相对宽容的，可以置身其中学习为人处世之道的理想环境。在大学三年里，同学们应该努力为自己编织生活梦想，明确奋斗方向，奠定事业基础。

高职学生的责任与使命　"天下兴亡，匹夫有责。"高职学生是未来建设社会主义现代化事业的中坚力量，你们要用自己的聪明才智继往开来，成为中华民族勇于开拓的一代。今天，全面建设小康社会和构建和谐社会的伟大使命已经历史性地落到当代大学生的肩上，同学们一定要积极投身到实现中华民族伟大复兴的事业中去。只有切实提高自身的综合素质，才能符合高速发展变化的时代要求，担负起时代赋予我们的历史使命和社会责任。因而当代大学生要着眼于自身的全面发展，加强自身修养，培养高尚的道德品质、较强的法纪观念，提高心理素质，形成坚强的意志、健全的人格，克服价值观念的混乱、理想信仰的迷惘、政治意识的淡化、道德行为的失范等现象。在今后人生的奋斗征途中，同学们一定要坚持学习科学文化与加强思想修养的统一、学习书本知识与投身社会实践的统一、实现自身价值与服务祖国人民的统一、树立远大理想与进行艰苦奋斗的统一，为中国特色社会主义事业奋斗不息，塑造无悔的青春！

高职学生对人生的理解　月有阴晴圆缺，人有旦夕祸福。人生匆匆，数十载光阴，就如再优美的曲调，也是由高潮和低谷组成，人生也有高低起伏，没有人总是一帆风顺的。时光如梭，所以同学们要珍惜每一天，要珍惜每一次的努力。人生不如意十之八九，每当你受挫的时候，希望的火种不能熄灭，不要因为一次坎坷而放弃整个未来。人生的路还很长，变数还很多，有些事看起来很难解决，其实不过是多需要一点面对困难的勇气。人生需要直面生命的艰难，坚持自己的理想。当你有辉煌的一天的时候，今天的不快其实是值得回味的记忆。

对于当代高职学生来说，最重要的是要选定自己的目标，奋勇前进。同时要对自己的生活多点关注，与家人和朋友分享你的成就，这样你就可以看到生活中更多的色彩。人生不能等待，更不能无奈，要有持之以恒的信念，要努力实现自己的远大理想。

3. 对人生价值的探索

伴随着关于人生的思考，人又总是会从价值的角度对人怎样生活算是有意义、算是"值得"的问题加以把握。人们只有找到了自己生活的价值，才会自觉地朝着选定的目标努力,以全部的情感、意志、信念去实现自己认为有意义的人生。

如何衡量人生的价值　人的价值包括人的存在价值和活动价值,前者是人道主义的视野,后者则是人生哲学的主题。一个人的成功,是个人意义上人生价值的实现。当他把成功的果实与社会一起分享的时候,他的成功就具有了广泛的社会意义,他的理念就升华到了新的境界,他的人生价值就在更大的程度上得到了体现。奉献是一种真诚自愿的付出行为,是一种纯洁高尚的精神境界。懂得奉献的人生是壮丽的人生,人的生命因奉献而光彩夺目。列夫·托尔斯泰曾经说过这样一句话:"人生的价值,并不是用时间,而是用深度去衡量的。"这里的深度指的就是个人对社会所作贡献的大小,而不是职业的种类、地位的高低或拥有财富的多少。人的价值始终都包含着个人价值和社会价值两个方面。衡量一个人价值的大小始终应该以社会价值为尺度。每个人都应该有一种奉献社会的精神,只有有了这种精神,人的生命才会更有意义,生活才会更加充实。

明确人生价值取向　高职学生要以认真的态度对待人生,才能踏踏实实地做好人生的每一件事,才能为国家的发展奉献一份力量,为个人的一生建立一份功业。有些人以"游戏人生"为时尚,这种不负责任的人生态度与我国社会的发展目标格格不入,它会误导人生,使人最终落得"白了少年头,空悲切"的下场。人生是现实的,无论是个人的一生,还是中华民族的宏伟画卷,都要用具体行动来描绘。需要每个人尽职尽责地干好自己的本职工作,还需要在总结前人经验的基础上积极探索,不断创新。这是人生发展规律,也是时代对同学们的客观要求。

树立人生发展目标　升学、留学、就业、创业不是人生发展的最终目标,而是实现人生目标的途径。确定人生发展目标是选择职业路径的前提,选择正确的路径是实现人生发展目标的保障。高职学生要实现自己的职业目标必须在大学期间进行充分的准

四、让我们的心里充满阳光

备,"练好内功"。每个人选择的人生发展目标不同,选择的路径也不相同,每条路径中为实现目标做出的准备也不尽相同。但总的来说,在高职学习期间需要进行两方面的准备:一方面需要培养自己的综合素质和通用能力,另一方面还需要培养专业素质和专业技能。在保证学业的前提下,高职学生应该尽可能多地接触社会,参加社会实践,锻炼能力,积累经验,做好由"校园人"向"社会人"转变的准备。

确立进取的人生态度 人生态度是人们在一定社会环境影响和教育下,根据自我生活的体验,在为了生存和发展而进行的各种活动中形成的较稳定的自我心理倾向,是人生观的一部分。它不是先天形成的,而是在后天的社会生活中不断形成和发展的。首先要务实;其次要积极进取,不回避矛盾,勇于竞争;最后要乐观自信,矢志不移。诸葛亮说的"非淡泊无以明智,非宁静无以致远",意正在于此。要淡化自我,"心地无私天地宽",只有无私,才能无畏;而自我中心、充满私欲的人,往往会患得患失,贪图小利而贻误大事。忙碌—赚钱—养家—传宗接代,每个人都在走。人生的目标几乎相似,但是人生的境界却有不同。有人荣华富贵却精神贫穷,有人淡泊生活却性灵华丽。境界是一种无形的美,纯粹来自生命的体验与升华!

4. 意志,生命的动力

2008 年 5 月 12 日,在四川省绵竹市汉旺镇那座标志性的钟楼上,时间被永远定格在 14 时 28 分。

这个黑色的日子将永远刻入我们的记忆,永远地载入共和国的悲痛大事记。

四川汶川大地震发生已经过去四年多了。黑色的数字停留在 2008 年 9 月 18 日中午 12 点。官方确认,截至此时,汶川大地震共造成 69227 人遇难,374643 人受伤,另有 17923 人失踪。

但我们也看到,更多的受灾者,靠自己、靠他人冲过了死亡线,逃出了死神的魔爪。据四川省人民政府副省长李成云在 2008 年 5 月 19 日下午通报,四川汶川地震后,仅到 19 日下午 4 时为止,就从废墟中救出 60020 余人,临时安置 4850620 余人。从之后的各种报道中,我们看到,被救者中,相当一部分就是凭着坚强的意志等到了获得救援的那一刻,而救援者也就是凭着"只要有一线可能,我们就要努力搜救"的坚强意志,创造了一个又一个的奇迹。地震专家称,震后第一天存活率 90%，第二天 50%～60%，第三天仅剩下 20%～30%，此后存活就是奇迹。然而，他们就是创造了 9 天甚至更长时间还活着的奇迹。

据人民网 2008 年 5 月 21 日报道，5 月 20 日下午 2 时 30 分，被困深山时间长达 216 个小时的妇女崔昌会被广州军区武汉总医院和驻鄂空军某部用直升机成功救出。216 个小时，3 次进山营救，人民子弟兵与四川女子崔昌会一起创造了生命奇迹。崔昌会是成都电力巴蜀电站磷河一站的职工，地震后，她被压在废墟下，同事们奋力将她挖出来，但她全身是伤，不能动，同事只能把她放在相对安全的引水洞里。她靠着吃蚯蚓维持生命，在抢救时还在反复嗫嚅："我要活下去，一定要坚持下去！"她正是靠这样的意志活了下来。

我们再来看一个初中生的坚强意志。四川省都江堰聚源中学，一个在这次大地震中受灾最严重的学校之一。在这个学校的初三(2)班，有个学生叫甯加驰。5 月 12 日，他和同学一起，像叠罗汉似的被压在了一片废墟之中。面对死神狰狞的嘴脸，甯加驰一边艰难地伸手安抚身边的同学，一边提议："我们唱歌吧！""团结就是力量，团结就是力量，这力量是铁，这力量是钢……"甯加驰起了个头，3 个同学被甯加驰的歌声感染了，跟着节拍小声地唱了起来，他们一首一首地唱下去，一遍一遍反复唱，求生的信念在歌声中被找回。祝翔同学的意识又开始迷糊了，甯加驰又赶紧把他掐醒……5 个小时之后，4 人全部获救了。

2008 年 5 月 21 日晚，中央电视台记者柴静含泪给观众讲了三个故事，其中之一，就是讲在大地震中的一个幸存者，仅靠一块手表、一盆自己的尿液、一卷卫生纸活了一个星期。渴了，她喝一口自己的尿液；饿了，就嚼几口卫生纸；一边看着手表上的时针，计算着废墟外的昼夜更替，要求自己：再坚持一天，再坚持一天……就这样，她坚持到了救援者的到来，从而创造了生命的奇迹。

为了这个奇迹，我们绝不言弃！事实再一次告诉我们：没有失败，只有放弃，不放弃就不会失败，获得希望只有靠自己的不懈努力。灾难永远都不会是一件好事。相反，只有以顽强的意志和毅力抗击灾难，才会感天动地。奇迹往往在厄运中出现，压力也能使人产生奇异的力量。

"贵在坚持。"意志，是生命的动力；意志，也是成才的助推器。目标正确，加上坚持不懈地努力，我们就能攀上成功的巅峰。胜利，就是站起比倒下多一次！真的，其实保持生命动力的办法很简单，只要给自己不灭的信心就可以了。

做一个高素质的人

人的综合素质包括科学文化素质和人文素质，二者相互渗透，互相作用。就素质教育的观念而言，科学教育主要是教人如何做事，人文教育则主要是教人如何做人、如何思考。在人的全面素质中，人文素质居于核心主导地位，人文素质教育就是通过传授人文知识、环境熏陶以及自身的实践，将人类优秀的文化成果转化为人格、气质和修养，成为人相对稳定的内在品质。

1. 人文素质是大学生成才的必备素质

现代科学发展的一个突出特点是文理交叉、自然科学与社会科学相互渗透，许多重大的科学技术问题、经济问题、社会发展问题和环境问题等具有高度的综合性质，解决这些问题，必须具有宽广的知识面和人文精神。事实上，历史上很多为人类发展做出重大贡献的科学家都具备深厚的人文素质：爱因斯坦有着高超的小提琴造诣，从音乐中他得到了很多灵感，大大推进了他的科学研究；世界著名科学家、控制论之父维纳喜爱诗歌和文学，他认为这影响了他的直觉能力，而科学上的直觉运用对攻克难题有着非同寻常的作用；苏步青、华罗庚等，既是数学家，也是诗人，更是道德超群的高人；居里夫人、爱迪生、李四光、竺可桢、钱学森等，他们对人类的贡献，不仅在科学本身，还在于他们伟大的精神力量和可贵品格。诸如此类，不胜枚举。因此，大学生成才，不仅要掌握自然科学知识，还必须积累人文科学知识，提升人文素质，才能完善自己的人格，培养出宽广的视野、敏锐的洞察力，增强创新灵感，为发明和创造奠定深厚的基础。

2. 人文素质的基本内容

人文素质一般泛指人们在人文方面所具有的综合品质或达到的发展程度，包括四个方面的内容。

人文基本知识　主要有历史知识、文学知识、政治知识、法律知识、艺术知识、哲学知识、宗教知识、道德知识、语言知识等。

人文素质外在表现　人文素质往往通过与他人、与社会、与事物的接触表现出来，一般有三个层次的表现。第一层次的表现是珍惜生命，有同情心、羞耻感，己所不欲、勿施于人，愿意帮助人，有一定的自制力，做人做事比较认真，思维顺畅、清楚，有逻辑性和个人见解，语言基本得体，懂得一些文艺基本知识。第二层次的表现是积极乐观、崇尚仁善、热情助人、热爱生活，有较强的责任感，有明确的奋斗目标和自制力，做事认真，思维清晰、灵活，逻辑严密，有独到见解，有一定艺术特长，会品评高雅艺术。第三层次的表现是关爱所有生命和自然，有高度的使命感，百折不挠，奋斗不息，能熟练应用一门外语，思维敏捷、深刻，善于创新，语言得体且优雅，有魅力，对艺术有较高的悟性。

人文方法　人文方法是人文思想中所蕴涵的认识方法和实践方法。人文方法与科学方法不同，科学方法强调精确性和普遍适用性，人文方法则强调定性，强调体验，并与特定的文化相联系。

人文精神　人文精神是在历史中形成和发展的由人类优秀文化积淀凝聚而成的精神，一种内在于主体的精神品格。这种精神品格在宏观方面体现在民族精神、时代精神之中；在微观方面体现在人的气质和价值取向之中。如追求崇高的理想，崇尚优秀的道德情操，向往和塑造健全完善的人格，热爱和追求真理。

在人文素质的四个方面中，人文精神起核心作用，这是因为，人文精神不仅是精神文明的主要内容，而且影响到物质文明建设。它是构成一个民族、一个地区文化个性的核心内容；是衡量一个民族、一个地区文明程度的重要尺度。一个国家的国民人文修养的水准，在很大程度上是通过人们的人文精神来体现的。

3. 提高人文素质，实现全面发展

重视专业课堂学习　大学课堂是提高大学生人文素质的基本环境和主要环节。我校坚持教学工作的中心地位，各个专业在长期

建设过程中,形成了自己的专业特色和优势。如理工科专业特别强调严密的逻辑思维,文科专业则比较突出发散性思维,而音乐表演、装潢设计等艺术专业更欣赏不拘一格、标新立异。大学的专业学习,教师的讲课,只突出重点、要点,侧重介绍方法和思路,着力培养学生的独立思维能力。因而,特别强调学生自主学习,在学习过程中,不只是被动地接受知识技能,而要通过思考、讨论,进行探索式的学习,主动地发现问题、分析问题、解决问题,培养获取知识和应用知识的能力。同时对学有余力的学生,学校鼓励其跨专业选修其他学科和专业的课程,为今后的就业和事业发展创造更好的条件。

积极参加第二课堂学习活动　第二课堂活动是大学生成长成才的沃土,是专业课堂教学的延伸,也是大学学习生活的兴奋点。学校历来注重用先进的校园文化占领校园舞台,将时代气息与校园文化底蕴有机结合,致力于构建富有特色的培养大学生综合素质的服务体系,促进学生提高人文科技素质、健康成长成才。第二课堂活动范围很广,有专家讲座、团学活动、社团活动、文体竞赛和科技活动等。

（1）专家讲座。如我校的"正则论坛"、"为了你的健康成长系列讲座"、"优秀校友论坛"、"创业精英报告会"、"走进挑战杯"、"人文系列讲座"、"人才精英学校培训"等活动,通过讲座、报告会、座谈、讨论等形式,向大学生介绍专业学科发展的新思路、新概念、新成果,以及有关哲学、历史、社会、伦理道德和管理学等各学科知识在人类社会发展进程中所起的重要推动作用,激发学生的求知欲望和求知动力。在学校浓郁的学术、文化氛围中,同学们只要自觉接受熏陶,就会使自己的人文科技素质不断提高。

（2）团学活动。同学们可以积极争取担任学生干部,承担一些社会工作,自觉参加校、系、班级组织开展的集体活动,积极出谋献计,参与组织策划。这样,不但可以培养自身的主人翁意识和团队协作精神,提高组织协调能力,还有利于增进同学间的沟通交流,取长补短。

（3）社团活动。丰富多彩的学生社团活动铺展出校园的生活画卷。各类学生社团众多,不胜枚举,如青年志愿者协会、爱心联盟、计算机协会、礼仪协会、摄影协会、文学社、话剧社、汽车协会、篮球俱乐部等,吸引广大同学热情参与。同学们可以根据自己的兴趣爱好,本着提高某一方面素质技能的目的自愿参加社团活动。但是,一个人的精力是有限的,要根据自己的实际情况,有选择地参加社团活动。

不要顾此失彼、本末倒置，影响了专业学习。

（4）文体竞赛。学校有一年一度的文化艺术节、体育节，同时还开展社团文化巡礼月活动，举办辩论赛、演讲赛、征文赛、原创诗歌朗诵大赛、摄影作品展、手工艺作品展、书画作品展、十佳歌手赛、英文歌曲赛、棋类比赛、足球联赛、田径赛等系列文体竞赛活动。这些文体竞赛活动为同学们创造了展示自我、提升自信的舞台，使同学们在竞赛中磨炼了意志，锻炼了各种能力，也增强了竞争意识。

（5）科技活动。大力推进大学生课外学术科技创新工作，着力培养大学生创新能力、实践能力和创业精神，是学校育人的新课题。同学们除了重视本专业的实践教学环节外，还要积极创造条件参加学术科技创新竞赛，检验专业技能，展示专业素质，培养勇于探索、勇于创新的精神，提高实践应用能力。培养大学生的"崇尚科学、追求真知、勤奋学习、勇于挑战"的现代科学理念。

主动参与社会实践　我校坚持"受教育、长才干、作贡献"的原则，结合专业特点，采取集中和分散相结合的方式，深入农村、社区、厂矿、部队，开展形式多样、内容丰富、深受大学生及社会欢迎的寒暑假科技、文化、卫生"三下乡"和志愿者服务等社会实践活动，包括政治性、学术性、知识性、社会公益服务性、社会调查性等活动。同学们利用自己的专业知识、专业技能服务于社区、农村，接受社会再教育，既受了教育，又长了才干，还作了贡献。科技下乡，为企业、厂矿、农村解决实际技术难题；文化下乡，宣传"三农"政策，为农村扶贫支教，到农村做社会调查；卫生下乡，为乡村送医药送健康。假日里，大学生志愿者还组织"大手拉小手，成长你和我"帮扶农村中小学生支教活动，开展社会主义荣辱观进社区、进农村、进中小学，参加工厂、企业、农业实际生产劳动等。在社会的大课堂里，同学们不但可以学到书本上学不到的学问，还有利于了解国情、民情，增强社会责任感。

充分利用图书资料　学校图书馆长期扮演着"知识宝库"、"第二课堂"的角色，是培养高素质人才的重要场所。图书馆有丰

书籍是人类进步的阶梯。

131

富的图书资料和各种类型、各种载体的相关文献，是取之不尽的知识宝库。一个大学生每年约有 1600 小时（不包括周末和节假日）在校，除去上课时间约 600 小时，应有 1000 小时是课外时间，如果将课外时间的 50% 用于图书资料的学习，对文化素质的提高就不言而喻了。大学生走进图书馆，自由地翱翔在知识的海洋，多看有益的书籍，不但能从中学到渊博的知识，还能开阔胸怀，提升境界，丰富人文素养。有的书充满了人生的哲理，引导我们珍惜时光，把握现在；有的是前人奋斗的经历，它会告诉我们，通往成功的路需要有怎样的顽强毅力；还有的是人们长期生产实践总结的经验，它使我们得以站在巨人的肩膀上，更快地赶超世界先进水平。同学们还要善于利用互联网，获取更多的信息，更广泛地与不同时空的对象交流。

自觉参与校园环境建设　大学校园净化、绿化、美化，各有千秋。有的建筑很有特色，有的人文景观很有文化底蕴，突出大学的精神和理念。优美的景观、整洁的校园，可以陶冶人的性情，提高审美情趣。美好的校园环境，需要大家共同建设、共同维护。同学们要自觉参加校园卫生保洁工作、绿化养护工作，爱护公共财产，维护校园秩序，强化劳动意识，学会珍惜别人的劳动成果，尊重他人的劳动创造。

重视宿舍文化建设　宿舍文化是校园文化的一个重要组成部分。学生宿舍是大学生德性养成的重要场所。什么样的宿舍文化，造就什么样的人。有的宿舍每个成员都能获得奖学金、升学就业比例很高，而有的宿舍的同学却是不思进取、学业荒废。因此，同学们要重视宿舍氛围的营造，互相尊重、互帮互助，珍惜同学友谊，自觉遵守宿舍管理规定，维护宿舍秩序，保护宿舍设施，创设一个安全、整洁、温馨、和谐的学习生活环境。这有利于自身素质的提高、促进大家的成长成才。

大学生提高人文素质，除了在内涵上着力外，还要注重个人外表形象设计，如着装、谈吐、举止等方面要符合大学生的年龄和身份。

总之，提高大学生人文素质至为重要，校园文化生活精彩纷呈，人文素质提高的途径形式多样，关键还在于你的用心、信心与恒心。

我们的心儿充满阳光

乔治·华盛顿曾经说过："一切的和谐与平衡、健康与健美、成功与幸福，都是由乐观与希望的向上心理产生与造成的。"这句话十分贴切地说明了健康的心理对一个人的生活所起的作用。随着经济的发展，社会节奏的加快，生活在现代社会的人们心理健康水平受到了极大的挑战,人们对心理健康的重视也提到了一个崭新的高度。面对越来越大的学业、人际交往和就业的压力,同学,你的心理健康吗?

对以下40道题,如果感到"常常是",请划√号;"偶尔"是,请划△号;"完全没有",请划×号。

1. 平时不知为什么总觉得心慌意乱,坐立不安。

2. 上床后,怎么也睡不着,即使睡着也容易惊醒。

3. 经常做噩梦,惊恐不安,早晨醒来就感到倦怠无力、焦虑烦躁。

4. 经常早醒1～2小时,醒后很难再入睡。

5. 学习的压力常使自己感到非常烦躁,讨厌学习。

6. 读书看报甚至在课堂上也不能专心一致,往往自己也搞不清在想什么。

7. 遇到不称心的事情便较长时间地沉默少言。

8. 感到很多事情不称心,无端发火。

9. 哪怕是一件小事情,也总是很放不开,整日思索。

10. 感到现实生活中没有什么事情能引起自己的乐趣,郁郁寡欢。

11. 老师讲概念,常常听不懂,有时懂得快忘得也快。

12. 遇到问题常常举棋不定,迟疑再三。

13. 经常与人争吵发火,过后又后悔不已。

14. 经常追悔自己做过的事,有负疚感。

15. 一遇到考试,即使有准备也紧张焦虑。

16. 一遇挫折,便心灰意冷,丧失信心。

17. 非常害怕失败,行动前总是提心吊胆,畏首畏尾。

18. 感情脆弱,稍不顺心,就暗自流泪。

19. 自己瞧不起自己,觉得别人总在嘲笑自己。

20. 喜欢跟自己年幼或能力不如自己的人一起玩或比赛。

21. 感到没有人理解自己,烦闷时别人很难使自己高兴。

22. 发现别人在窃窃私语,便怀疑是在背后议论自己。

23. 对别人取得的成绩和荣誉常常表示怀疑,甚至嫉妒。

24. 缺乏安全感,总觉得别人要加害自己。

25. 参加春游等集体活动时,总有孤独感。

26. 害怕见陌生人,人多时说话就脸红。

27. 在黑夜行走或独自在家有恐惧感。

28. 一旦离开父母,心里就不踏实。

29. 经常怀疑自己接触的东西不干净,反复洗手或换衣服,对清洁极端注意。

30. 担心是否锁门和可能着火,反复检查,经常躺在床上又起来确认,或刚一出门又返回检查。

31. 站在经常有人自杀的场所、悬崖边、大厦顶、阳台上,有摇摇晃晃要跳下去的感觉。

32. 对他人的疾病非常敏感,经常打听,生怕自己也身患同病。

33. 对特定的事物、交通工具(电车、公共汽车等)、尖状物及白色墙壁等稍微奇怪的东西有恐惧倾向。

34. 经常怀疑自己发育不良。

35. 一旦与异性交往就脸红心慌或想入非非。

36. 对某个异性伙伴的每一个细微行为都很注意。

37. 怀疑自己患了癌症等严重不治之症,反复看医书或去医院检查。

38. 经常无端头痛,并依赖止痛或镇静药。

39. 经常有离家出走或脱离集体的想法。

40. 感到内心痛苦无法解脱,只能自伤或自杀。

测评方法:√得2分,△得1分,×得0分。

评价参考:

(1) 0~8分。心理非常健康,请你放心。

(2) 9~16分。大致还属于健康的范围,但应有所注意,可以找老师或同学聊聊。

(3) 17~30分。你在心理方面有了一些障碍,应采取适当的方法进行调适,或找心理辅导老师帮助你。

(4) 31~40分。是黄牌警告,有可能患了某些心理疾病,应找专门的心理医生进行检查治疗。

(5) 41分以上。有较严重的心理障碍,应及时找专门的心理医生治疗。

1. 心理健康的内涵

什么是心理健康？心理健康与生理健康是健康概念不可分割的两个重要组成部分，但是心理健康的标准并不像生理健康那样具体、准确、绝对。《简明不列颠百科全书》将心理健康解释为：个体心理在本身及环境条件许可范围内所能达到的最佳功能状态，但不是十全十美的绝对状态。由此，可以从广义和狭义两个角度来定义心理健康。从广义上讲，心理健康是指一种高效而满意的、持续的心理状态；从狭义上讲，心理健康是指人的基本心理活动的过程内容完整、协调一致，即认识、情感、意志、行为、人格完整和协调，能顺应社会，与社会保持同步。

大学生的心理健康标准是什么？

有浓厚的学习兴趣　智力正常是大学生正常学习、生活、工作的最基本的心理条件。衡量大学生智力是否正常，关键在于是否有强烈的求知欲望、浓厚的学习兴趣和较强的学习能力，这种能力包括科学的学习方法、较高的学习效率、较强的解决学习中遇到困难问题的相关能力。

有积极的自我观念　自我认识是指一个人对自己的身心状况、能力和特长，以及自己所处的地位及与他人的关系的认识和体验。自知与知人是人生成功的重要条件。大学生应实事求是地看待自己的学业和成就，有切合自己实际的抱负水平，能悦纳自己、关心自己、尊重自己，要学会审时度势，及时调整自己的生活目标，让自己有一个充实的人生。

有完整统一的人格　人格是一个人的整体精神面貌，人格完整指人格构成要素中的气质、能力、性格和理想、信念、人生观等各方面平衡发展。一个人格健全的大学生，所想、所说、所做都是协调一致的，用积极进取的人生观把自己的需要、目标和行动统一起来，即言行一致，思维方式、情绪反应和谐、行为方式和谐，不会出现偏颇。

有较强的情绪自控能力　情绪会影响人的健康，影响人的工

135

作效率和人际关系。心理健康的大学生,在大多数情况下,能保持愉快、开朗、乐观的情绪,对生活和未来充满希望。虽然也有悲痛、忧虑、愤怒、恐惧等消极情绪,但能主动控制和把握,适度地加以宣泄、尽快地予以调节,做到"当喜则喜,当怒则怒,喜怒有度",喜不狂、忧不绝,胜不骄、败不馁,谦而不卑、自尊自重。

有和谐的人际关系 良好的人际关系是心理健康的重要体现。心理健康的大学生乐于与他人进行沟通交往,有稳定而广泛的人际关系,有知心朋友。既能享受友谊、交往的乐趣,也能独处而不感到孤独。在与周围人的交往中,不但能用尊重、信任、宽容的态度与人相处,而且能客观地评价别人,悦纳别人,取人之长,与他人、集体和社会关系协调。

有较强的社会适应能力 心理健康的大学生,珍惜青春,热爱生活,能够正确地处理和认识个人与环境的关系;能够克服和排解困难与阻力,勇敢地面对和接受现实,并能积极主动地适应现实;对周围事物和环境有客观正确的判断,使自己的思想、行为符合新环境的要求,并与其保持良好的接触和协调的发展。

心理行为符合年龄特征 一个心理健康的人,他的认识、情感、言行、举止应基本符合他的年龄特征。一位处于青春期的大学生,应该精力充沛、思维敏捷、情感活跃,与之相适应,行为上应该表现为朝气蓬勃、反应敏捷、热情洋溢、勤学好问。如果老气横秋,反应迟钝,毫无主见,像小孩一样喜怒无常,没有激情和朝气,那么其心理就不可能是完全正常的。

综上所述,心理健康标准是在综合各方面特点的基础上,对心理状态的一般要求,而不是最佳的心理境界,所以只能把它视为一个不断追求的理想目标,努力增强自身的心理健康水平。

2. 心理健康的维护

大学生在大学生活中将面临学业、发展、生活、恋爱、交往和就业等一系列的现实问题,只有充分认识心理健康对成长的重要意义,培养适应多元化社会的良好心理素质,提高自身应对心理困扰的能力,才能促进人格完善和德、智、体全面发展,接受人生的挑战,使自己的生命充满希望和活力。

大学生常见的心理问题有以下几种。

(1)与学习有关的心理困惑

主要表现在学习动力缺乏、学习疲劳、考试焦虑这三个方面。

学习动力缺乏　不少同学进入高职院校后从心理上摆脱了高中时的沉重压力，思想上逐渐松懈，再加上部分家长和学生对填报志愿缺乏了解，造成学生对所学专业缺少兴趣，没有明确的学习目标，缺少奋发向上、努力学习的原动力。

学习疲劳　学习疲劳是指由于学习者学习过度或学习方法不当而产生的学习效率逐渐降低、学习进步速度缓慢的现象。学习疲劳在生理上表现为动作不协调、说话语无伦次、感觉器官敏感度降低、辨别力降低；在心理上表现为倦怠、易怒、厌烦、精神涣散、注意力不集中。

考试焦虑　考试焦虑通常是指考试过程中，由于担心自己考试失败有损自尊而产生的一种忧虑的情绪反应。适度的考试焦虑有助于调动学生的心理能量和生理能量，对考前的复习具有积极的促进作用。过度的考试焦虑会使学生考前紧张恐惧、心烦意乱、失眠、记忆力减退、学习效率下降，考试时心跳加快、呼吸急促、头昏、思维迟钝等。

（2）与人际关系有关的心理困惑

表现为沟通不良、交往恐惧、人际关系失调、人际冲突、孤独无助、缺乏社交的基本态度及技能。如在交往方面，有的学生自命清高、孤芳自赏，不屑与人交往；有的学生由于普通话不好或语言表达能力较差，跟周围同学交流比较困难，使得他们不能与人交往；也有的学生虽然主动交往，但在对他人的认识上常有偏见、误解和过分苛求，对他人在情感上缺乏同情、理解和尊重，对他人的行为比较挑剔，所以人际关系不协调，使得他人不愿与其交往。

（3）与恋爱和性有关的心理困惑

表现为与异性交往困难，陷入多角关系不能自拔，因单相思或失恋产生痛苦，对性冲动的不良心理反应，性自慰行为产生的焦虑自责等。如有的学生因看到周围的人纷纷交友结伴而自惭形秽；有的学生恋爱动机不纯，是为了弥补内心空虚和排解自我孤独，出现了"寂寞期恋爱"、"痛苦期恋爱"、"攀比期恋爱"现象；

四、让我们的心里充满阳光

有的学生因失恋而长期精神委靡不振,甚至轻生;有的学生把对异性的爱恋和性本能冲动压抑下来,表面上疏远异性,内心却充满痛苦和矛盾;还有的学生因手淫习惯或自认为性器官的某些缺陷而背上沉重的心理负担,对生活失去信心和希望。

（4）与择业求职有关的心理困惑

表现为缺乏职业选择的主动性、不了解与自己个性能力相匹配的职业领域、缺乏自信、过分追求功利、缺乏走上社会的心理准备等。随着我国高等教育由精英化向大众化的过渡,大学毕业生供给大幅度增加,其中高职院校毕业生增幅最大,毕业生严重供大于求,使得专科生的就业形势非常严峻。高职院校学生面临着比以往更大的挑战,也面临着更大的心理压力和冲突。如选择职业时面对多种职业犹豫不决而引起的冲突感,自我推销过程中引起的羞怯感,求职过程中害怕失败而引起的紧张感,对自己缺乏全面认识引起的自卑感,求职失败后产生的挫折感,都是择业过程中常见的心理困惑。

（5）其他领域的心理困惑

如家庭关系、经济问题、余暇生活、人格发展、人生态度等方面出现的困惑或苦恼。

高职学生心理健康的形成和维护,更多地取决于个人的努力调控,健康心理的培养方法有以下几种。

掌握心理健康知识　健康心理的形成和维护是一个科学的过程,与人们的生活、学习、工作相关,有属于它自己的科学体系。所以,大学生应当主动掌握一些体系中的内容,学习掌握这方面的知识,不是为了成为专业工作者,主要的目的是指导自我的心理健康。学习的方式有课堂学习、查阅相关资料、听心理讲座等。课堂学习是最直接、涉及面最广的学习方式,目前大多数高职院校都将心理健康列为教学课程,让学生系统地获取心理学及心理健康知识,了解自身的心理特点,学会科学的心理调节手段。

培养健康的生活方式　现代教育非常关注教育对象的生活方式对心理健康的影响。大学生应该自觉地养成良好的生活习惯,日常生活中要戒除不良习惯和嗜好,如吸烟、酗酒、偏食,做到饮食有节,起居有常,生活有规律;要适度运动,应坚持适宜的活动内容和活动方式,选择参加各项能延缓人体各器官衰退老化的健身运动,如游泳、跑步、登山、球类运动等;要适当培养自己的业余爱好,使自己兴趣广泛,生活有情趣,如读书、听音乐、练字、手工等,充实的生活是保持健康心态的基础。

参加有益身心的活动 校园活动丰富多彩,如各种文艺活动、体育比赛、辩论会等。在活动中往往能不知不觉地掌握心理健康知识,陶冶情操,开拓眼界,学会与他人交往。校园活动是学习提高自身素质的好平台,许多高职院校成立了包括心理健康在内的各种学生社团。形式多样的社团活动,进行积极的认知评价和智力开发,有助于学生学习人际交往的技巧,提高心理承受力,达到锻炼能力、丰富课余生活、提高心理素质的目的。

学会自我的心理调适 心理问题的主要根源在于人本身,心理问题的解决是一个积极的自我锻炼的过程,要想彻底解决心理问题,可以通过一些自我心理调控技术来恢复正常。从这个意义上讲,每个人都应该成为自己的心理医生。因此,大学生应学习和掌握自我心理调适的方法,健全心理防御机制,如运用回避法、淡化法、自慰法、转视法、升华法、补偿法等。根据不同的情境采取不同的方法疏导,把心理问题控制在萌芽状态。

3. 正确调控情绪

在生活中,我们随时随地都在体验各种各样的情绪:有时热情高涨、欣喜若狂,有时情绪低落、伤心欲绝,有时舒适愉快,有时孤独恐惧。可以说,我们时刻都被这样或那样的情绪包围着,情绪与我们的生活、学习、人际交往等密切相关,学会有效地控制和调节情绪,是每个大学生的必修课。

什么是情绪?情绪是指人们对环境中的某种客观事物和对象所持态度的身心体验,是最基本的感情现象,也是一种对人生成功具有显著影响的非智力因素。情绪有喜、怒、哀、惧四种基本形式。此外,它还有正面情绪和负面情绪之分:正面情绪是积极肯定的情绪,如温情、感恩、热情、好奇心、振奋、快乐、信心、毅力、活力等,正面情绪可以提高一个人的自信自律,促进个体创造性地学习，养成良好行为习惯，不断完善自己的人格；负面情绪是消极否定的情绪，如仇恨、愤怒、嫉妒、抑郁、冷酷、狂躁、自卑、怀疑等，负面情绪使人兴致低落、意志消沉，影响人的生活学习，阻碍个体健康成长，对一个人的人生成功起消极作用。

大学生随着年龄、知识的增长，思维水平的提高，情绪体验也越来越丰富和深刻，并日趋成熟和稳定。但受生理特征的影响，再加上学习负担较重、竞争激烈、就业难等各种压力，大学生的情绪容易处于紧张状态，极易产生各种情绪困扰。大学生常见的情绪困扰主要有以下几种。

焦虑 焦虑是人们面临威胁或预料到某种不良后果时产生的一种不安状态，同时会伴有忧虑、紧张、害怕、担忧等情绪体验。研究表明，适度的焦虑是有益的，它可以提高个体的警觉水平，调动身心潜能，有利于自我能力的发挥。但过度焦虑则会给个体带来不良的影响。如心情过度紧张、心烦意乱，注意力难以集中，记忆力减退，大脑反应迟钝，同时还容易产生头痛、失眠、心跳加快、食欲不振等生理反应。

对大学生来说，适应困难、学习压力、人际关系、对能力修养不足的担忧等均可引发焦虑。学习焦虑在学生情绪表现中最为强烈，其中又以考试焦虑最为突出。人际交往的焦虑与大学生的自我形象焦虑关系非常密切，这些学生缺乏自信，常担心自己不够漂亮、没有吸引力、体貌过胖或矮小，这类焦虑主要与自我认知有关。情感焦虑多数是由于恋爱受挫而引发的自我否定，认为自己不具备爱人和被爱的能力，因而过度担心引起焦虑。

大学生如有轻度的焦虑，还没有严重影响正常学习生活时，可以尝试一些自我调节的方法来缓解和消除，如深呼吸放松法、自我分析排除法等。

抑郁 抑郁是因为无力应付外界压力而产生的一种持续时间较长的低落消沉的消极情绪，常常伴有痛苦、厌恶、自卑、羞愧等情绪体验。人人都体验过抑郁情绪，只是对大多数人来说，抑郁只是偶尔出现，且很快会随着时过境迁而消失，因此属于正常范围。但是，如果抑郁持续存在，则可能转化为病态情绪。一般情况下，性格内向孤僻、不爱交际、多疑多虑

的个体在生活中遭遇意外的挫折或是长期努力得不到回报时，更容易长期处于抑郁状态不能自拔。

处于抑郁状态的大学生情绪低落，闷闷不乐，不能体验生活的乐趣，对学习、生活、交往失去兴趣与热情，对生活缺乏信心，对前途悲观失望，甚至产生轻生的念头和行为，同时还伴有食欲减退、头痛、失眠等不良生理反应。持续、严重的抑郁状态对大学生的身心有严重的危害，可导致多种身心疾病，使学生无法正常有效地学习和生活。

当大学生处于抑郁情绪状态时，掌握一些自我调节的方法很必要。如可以掌握一些自我减压和排解的方法，让抑郁的情绪得到及时的宣泄和疏导，用积极的行动让不良情绪烟消云散。另外还可运用身边的资源，寻求知己、好友、家长、老师的帮助，让温暖的关怀驱散心中的阴云。

愤怒 愤怒是由于客观事物与主观愿望相违背，或愿望不能实现并一再受挫时产生的激烈的情绪反应。愤怒的程度可以从不满、生气、愠怒、激愤到暴怒。愤怒对一个人的身心有明显的不利影响。当人发怒时，往往会心跳加快、心律紊乱、血压升高，严重时还可能导致心脏停搏甚至猝死。愤怒会让人丧失理智，阻碍思维，导致损人、损物、伤人、违纪的行为。

愤怒是大学生中一种常见的消极情绪。大学生正处在心身急剧发展、热情高涨、激情澎湃的青年时期，容易在外界刺激下激起愤怒情绪，有时甚至难以控制。例如，我们经常可以在校园中看到，个别学生因一句刺耳的话或一件微不足道的小事而怒不可遏、大打出手。正可谓"愤怒以愚蠢开始，以后悔告终"。这种负面情绪对大学生的影响是极其有害的。

大学生的兴趣爱好比较广泛，如果感到冲动，难以控制易怒的情绪时，不妨先将眼前的事放下，做做运动，听听音乐，把自己的注意力转移到其他方面，这是很好的制怒良方。但是要从根本上克服冲动易怒的脾气，还要加强自身的修养，用理解和宽容的态度对人对事，学会用理智控制情绪。

嫉妒　嫉妒是指由于他人在某方面胜过自己而引起的不快甚至是痛苦的情绪体验，是一种错综复杂的情绪体验，是自尊心的一种异常表现。黑格尔曾说过："嫉妒是平庸的情调对于卓越才能的反感。"

嫉妒是大学生中普遍存在的不良情绪。具体表现为当看到别人的才华能力、成绩荣誉，甚至穿着打扮、家庭条件等超过自己时感到恼怒、痛苦、愤愤不平，进而发展为对嫉妒对象的恶语诋毁、中伤。在大学生中，那些虚荣心、自尊心过强，自私狭隘、自控能力弱的学生更易产生嫉妒，而且程度也比一般人更重。严重的嫉妒对大学生的心理健康极为不利，它会影响学生的人际关系，造成同学间的隔阂甚至对立，同时嫉妒还会造成个人内心的痛苦，使自己经常陷于苦恼中不能自拔。

大学生要克服嫉妒心理，就要学会豁达，认识到"山外有山，天外有天"。客观看待自己和他人，学会欣赏别人的成功，不妨把别人的成功看做鞭策自己进取的动力，树立"双赢"的观念。当自己实在技不如人、遭遇到不顺利和失败时，用"精神胜利法"给自己找些合理的借口和理由，自我安慰，建立心理平衡。

冷漠　冷漠是指人对外界刺激缺乏相应的情感反应，对生活中的悲欢离合都无动于衷的情绪体验，具体表现为凡事漠不关心、冷淡、退让。具有这种情绪的人表面看虽然平静、冷漠，但内心却往往有强烈的痛苦、孤寂和压抑感。人如果长时间处于这种情绪状态，巨大的心理能量无法释放，超过了一定的限度时，就会暴发出来，致使心理平衡遭到破坏，影响身心健康。

在高职高专的校园，有些学生对周围的人和事漠不关心，对集体和同学态度冷淡，对自己的前途命运和国家发展等漠然置之，这种冷漠的状态，多是压抑内心情感的一种消极逃避反应。冷漠会给大学生带来责任感下降、生活意义缺失、自我价值放弃的影响，是一种有百害而无一利的消极情绪体验。

大学生要想从根本上克服冷漠状态首先是改变认知，积极主动去发现自我价值，发现生活的意义，改变自己对人生的消极看法；积极投身各种有意义的活动中，融入集体中；正确认识自我与他人、个体与社会，并不断矫正自己的非理性观念。

4. 学会欣赏，你的心就充满阳光

欣赏别人，是一种心态，也是一种艺术。欣赏，既要有目光，还要有胸怀。能欣赏别人，就会被别人欣赏。欣赏，可以让你的心中充满阳光，装满幸福。让我们学会欣赏，努力地去欣赏别人。

一是要羡慕别人，但不要迷失自我。有一则叫《羡慕》的寓言就是说的这事。

猪、牛、鹰、鸡在一起讨论。猪说，假如让我再活一次，我一定要做一头牛，虽然工作累了一点，但毕竟名声好听得多。牛说，假如让我再活一次，我一定要做一头猪，吃了睡，睡了吃，不出力、不流汗，活得赛神仙，多舒坦啊。鹰说，假如让我再活一次，我一定要做一只鸡，渴了有水喝、饿了有米吃，住有房，早起晚歇都有人护着。鸡说，假如让我再活一次，我一定要做一只鹰，可以翱翔天空，云游四海，任意捕兔杀鸡。

羡慕的感觉都是相似的，羡慕的对象却各有不同。但是，积极而有分寸的羡慕，能够提升你的品质，消极而无节制的羡慕，只会将你引向堕落。因此，要用赞赏的目光去羡慕，而不要用嫉妒的心理去羡慕。羡慕别人所得到的，不如珍惜自己所拥有的。哪怕是疼痛，是肤浅，是无奈，是无声无息，是普通平凡，永远都不要在羡慕别人的沼泽中丧失自己，永远都不要在羡慕别人中轻视自己。因为，你羡慕的人也许正在羡慕你。

二是要把握命运，但不要迷信命运。如果说人有命运，那么命运在赐给你欢乐和机遇的同时，也必然会给你带来缺憾与磨难。有人说：上帝是不公平的，才有了世间的穷与富，善与恶，美

与丑，成功与失败、幸福与不幸。但上帝也是公平的，它给了你金钱，往往就要夺走你的真诚和善良；它给了你成熟，往往就要夺走你的年轻和纯真；它给了你美貌，往往就要夺走你的智慧和毅力；它给了你成功，往往就要夺走你的健康和幸福。"月有阴晴圆缺，人有悲欢离合，此事古难全。"因此，我们不必为一时的欢乐和机遇而得意忘形，也没有必要为暂时的缺憾与磨难去怨天尤人，更不必因此而牢骚满腹、以偏概全，或者畏缩自卑、丧失生活的勇气。我们需要的是用豁达的胸襟、宽容的态度、阳光的视觉，去欣赏、品味、创造生活，只有这样，才会减少许多无奈与烦恼、拥有更多欢乐与幸福。也只有如此，才能真正成为命运的主人，才能对得起人生，才能拥有最美好的生活。

三是换个角度，将是另一番风光。同学们有没有去过苏州？苏州园林甲天下。游览苏州园林，讲究的是移步换景，一个小小庭院，透过窗门廊檐，看到的却是千姿百态。不同的角度，给人不同的美感，叫做别有洞天。有一首哲理诗，叫《相遇》，却又是从另一个角度，说明了这个道理。

在楼梯
　　我低你一级
　　　　你高我一级

瞬间
　　有多少话语
　　　　都未说出
　　我仰头看你
　　　　在沉默中
　　　　　　擦身而过
　　　　　　　听得见对方的呼吸
突然
　　有一句话要告诉你
　　　　回头一看
　　　　　我高你一级
　　　　　你低我一级

诗中让人心动的在于描写的两个瞬间感觉：一是抬头时"我低你一级／你高我一级"，二是回头时"我高你一级／你低我一级"。在这里，楼梯不妨理解为人生处在不同境遇和地位的象征。人在梯子上，毕竟只是一种短暂的停留，站在哪一级台阶上是重要的，但比这更重要的是心态，是保持好不以高喜、不以低悲的心态，因为最终我们仍然要回到平地。我们曾经都从一样的平地上起步、攀登，最后又要回到平地，那时，大家都是一样。

四是幸福要用心来做尺子，知足常乐。

有一个女孩想自杀，被一个老人撞见了，未遂。女孩哭着问老者：你为什么要救我？我这样不幸福，还不如去死掉。老人拿了一张"一句话设题答卷"让这个女孩看。设题是：如果可能，你所要的最大的幸福是什么？这张纸上有五个回答，答案分别是："有个家！""有爱我的爸妈！""有一双明亮的眼睛！""能听一听鸟儿的歌唱！""能起来走一走！"女孩不懂这是什么意思。老人就说，你和我一起去见一下五个答题人吧。女孩见过了五个答题人后，拥紧老人哭着说："我错了，谢谢你！"原来这五个答题人是五个孩子——孤儿、弃儿、盲人、聋哑人、瘫痪人。与此相比，女孩子一下就拥有了五个人的"最大的幸福"，而且还绰绰有余！老人的理由是：幸福，要用心做尺子。

尺子，是要刻度的，没有零线就没有刻度，没有刻度就没有幸福。在不知不觉中，你往往是拥有着其他人所没有的幸福。知足就能常乐。

五是退一步海阔天空。

著名的伊瓜苏瀑布是世界上最壮观的瀑布之一，但由于伊瓜苏河是阿根廷和巴西的界河，所以这湖也就成了两国的共同财富。后来，两国开始就此湖的界限进行划分，为了争夺更多的瀑

145

四、让我们的心里充满阳光

布所有权，两国经过多轮谈判，但都没有达成共识。后来，在国际社会的斡旋下，巴西人做出了让步，这样，瀑布的最美部分被阿根廷如愿以偿地纳入了自己的版图。阿根廷人为此而欢欣鼓舞。后来，在1984年，联合国教科文组织又将阿根廷伊瓜苏国家公园作为自然遗产列入《世界遗产名录》。由于瀑布的主要部分在名分上归属阿根廷，它就要承担起保护瀑布的任务，为此，阿根廷每年需要投入大量的资金、人力、物力。随着旅游业的蓬勃发展，伊瓜苏瀑布成为世界名胜，各国游客纷至沓来。但意想不到的是：瀑布最美的部分虽然在阿根廷境内，但观看瀑布的最佳位置却在巴西境内。要欣赏伊瓜苏瀑布最美部分，非得到巴西一侧不可。就这样，阿根廷人每年辛苦地维护着瀑布，却只能眼睁睁地看着巴西人在那里坐享其成。

这充分说明了退一步海阔天空，退让的巴西人失去的是名分，得到的是实惠。我国的成语，"塞翁失马，焉知非福"也就是这个意思。

五、珍惜青春纯洁的爱

大学里有许多关于爱情的故事，像一首首诗飘洒在幽静的花间小路上，飘洒在彩霞满天的黄昏里。当情感的风雨经过，一个个故事美丽而又动人，年轻的心有喜悦、有苦涩、有幸福、有失落。当爱情来临时，人会不知不觉地发生变化，因为爱让人成长。

什么是爱情

爱情是一个经久不衰的话题，以她永恒的魅力牵动着生命的每个阶段。爱情主题的存在，使人性中最温柔与最热烈、最细腻与最豪放、最微妙与最诗意的部分得以充分体现与施展，从而使世界更加多姿多彩，使生活更加瑰丽迷人。

什么是爱情？爱情是一个古老而又常新的人生课题。在人类文化发展史上，有许多不朽的文艺作品都是描写爱情的，许多哲学家、心理学家也对爱情有自己独特的见解。英国哲学家休谟认为，爱情是由"美貌"、"性欲"和"好感"这三种印象或情感结合

爱情的天平该如何称量？

而发生的。德国哲学家黑格尔认为,爱情里确实有一种高尚的品质,因为它不只停留在性欲上,而是显出一种本身丰富的高尚优美的心灵,要求以生动活泼、勇敢和牺牲的精神和另一个人达到统一。奥地利心理学家弗洛伊德认为,性本能是一切本能中最基本的内容,爱情不过是性本能的一种表达或升华。柏拉图赞美精神的爱,鄙视世俗的爱欲,把人们引向抽象的爱情,片面强调爱的因素。所有这些对爱情的理解,离科学地揭示爱情的本质都还有较大的差距。

马克思主义的爱情观认为,男女之间建立于性爱基础上的情感之所以成为爱情,是由人的社会属性决定的,因此男女之间真挚的爱情,不仅是自然生理需求的冲动和相互需要,更是志趣的相投和心灵的相通,而这一切,都是以一定的社会历史条件为背景的,受制于特定的社会关系、经济地位和文化背景等。因此爱情的本质是一对男女基于一定的社会基础和共同的生活理想,在各自内心形成的相互倾慕,并渴望对方成为自己终身伴侣的一种强烈、纯真、专一的感情。性爱、理想和责任是构成爱情的三个基本要素。性爱把爱情与人世间的其他情感明显区别开来,使爱情成为特殊的"情爱"。理想赋予爱情深刻的社会内涵,是爱情生长的内在依据。责任是对性爱和理想的升华,是爱情得以长久的重要保障,丰富了爱情的内涵,提升了爱情的境界。

爱情的特征

自主性和互爱性　爱情是一种复杂、圣洁、崇高的感情活动,它是由两颗心灵弹拨出来的和弦,彼此互相倾慕,情投意合。真正的爱情是不可强求的,只能以当事人双方的互爱为前提,当事人既是爱者又是被爱者。在爱情发展中,男女双方必须始终处于平等互爱的地位。单恋虽然也是一种强烈的情感,但它却不是互爱意义上的爱情,它只能从内部消耗一个人的精神力量,从而造成心灵创伤,因而是不可取的。

专一性和排他性　爱情是两颗心相撞发出的共鸣,男女一旦相爱,就会要求相互忠贞,并且排斥任何第三者亲近双方中的一方。伟大的教育家陶行知曾经很形象地说过:爱情之酒甜而苦,两人喝是甘露,三人喝是酸醋,随便喝要中毒。这话是很有道理的。

持久性和阶段性　爱情是一棵苍松而不是一枝昙花,爱情所包含的感情因素和义务因素,不仅存在于婚前的整个恋爱过程之中,而且延续到婚后的夫妻生活和家庭生活。爱情的持久性表现在爱情的不断深化、充实和提高上,恰如莎士比亚所说:真正的爱,非环境所能改变;真正的爱,非时间所能磨灭;真正的爱,给我们带来欢乐和生命。事实上,爱情的持久性正是建立和保持婚姻关系的基础。真正的爱情不会随着年岁的增长而减弱,但人生的不同年龄阶段,爱情的表现会有所不同,具有阶段性。

社会性和道德性 爱情虽然是男女之间相互爱慕的私情,但具有丰富的社会内容。爱情的内涵、本质以及追求爱情的方式,必然要受到各种社会关系及社会因素的影响。爱情的道德性是指爱情中蕴涵着对对方的强烈的义务感和责任心。

正确对待爱情

什么是真爱? 苏霍姆林斯基说:"爱情不仅是美好、诚实、坚贞的,也是理智和慎重的,机警和严肃的,只有那样的爱情才能带来幸福和欢乐。"真正的爱情是人类最崇高、最圣洁的感情。恋爱不等于真爱,但每个恋爱的人都渴望获得真爱。

真爱是关心,是想对方所想,是给对方所需,是无私地给予和关心。真爱是信任,是一种自信,是一种尊重。爱一个人,不要随意猜疑,要给她(他)一个自由的时空,相信彼此的爱。真爱是给予,通常人们把爱看做被爱,注重怎样被人爱,怎样使自己可爱从而获得爱。为了达到被爱的目的,男人渴望拥有权力和财富,女人注重修饰和打扮。但那些不做作、真诚主动的给予对方爱的人,在不问收获、埋头耕耘的过程中,自然而然地就获得了爱。

真爱是宽容和理解,宽容中包含着理解、同情和原谅,是最大限度的接纳对方。真爱是尊重,尊重意味着对彼此的成长和发展顺应其自身规律和意愿,包括彼此的职业、爱好、选择、隐私和不同于自己的地方。真爱是专注,爱情需要专心一意,要求感情的和谐完整。真爱是理性，一时的狂热迷恋是一种危险的情感，只是一种生理上要求与异性亲近的渴望。真爱是独立，独立是指与人相处时有自己独立的思考和行动，不轻易受他人左右，知道自己真正需要什么。此外，真爱还需要保持独特个性和独立人格，不能迷失自我。

要懂得爱的艺术。爱是一种能力，也是一种艺术，只有掌握了爱的艺术，具备了爱的能力，才会正确地面对和处理爱情。大学生要学会表达爱，表达爱是一种能力，除了勇敢地开口外，还要遵循一定的原则，使用一定的技巧。

首先，表达爱必须在彼此都有情有意、心理交融的基础上进行。其次，表达爱要注意技巧：①含而不露。可借用诗、照片、礼品、信来表达爱意。②含中有露。如约她（他）一起看电影、游园。③巧用赞美。如"你真有办法，这么难的事都能办好！""你穿的衣服真美！"最后，勇敢接受表达结果。表达爱后会有三种结果：一是对方欣然接受；二是对方要考虑考虑；三是对方拒绝。后两种情况下，不要急躁，不要逼迫。俗话说"强扭的瓜不甜"。要有耐心，继续培养感情，增进理解。另外，还要学会拒绝爱。如果你确定不爱对方，就要在保护他人自尊心的基础上，采取恰当的方式，勇敢、坚决、毫不含糊地表明自己的态度。

在失恋中成长

在恋爱的过程中，当恋爱的某一方作出中断爱情的决定，另一方往往会感到爱情挫折的极大痛苦。失恋的现象是不足为奇的，一旦失恋，就要特别注意保持高尚的道德自律和积极的生活态度，要力争做到失恋不失志、失恋不失德、失恋不失态，决不可以采取不道德的手段报复对方，或者无休止地纠缠对方。要学会"忘记"。我们应该时常记住："并非你不能忘记，而是你不想忘记。"如果你时时放任自己去追念那已经失去了的，徒劳无功地去惋惜，或痛悼，那就只能使伤口不易愈合。但假如你明白你之所以念念不忘，是因为你不想忘记，是因为你下意识的享受那点痛苦，那你就得承认这是咎由自取。其实只要你脑筋稍活动一下，略微移动一下脚步往后退一点，你就可以发现，你周围还有那么广大的世界，这世界并不因任何人一点小小的不幸，而停止活动。

恋爱并不都是一次成功的，古往今来，无数杰出人才，都曾经历过由于各种原因导致的失恋的痛苦，但他们并未因感情的波折而沉沦，而是勇敢地迎接痛苦的考验,他们最终在事业上获得成功,与他们坚强的意志和健全的心灵是紧密相关的。"天涯何处无芳草",事业的成功,往往会引发更加绚丽的新的爱情之花。

如何摆脱失恋的痛苦呢?可以尝试以下办法:①通过倾诉、写日记或书信发泄。②参加活动,让自己忙起来,尽快回到正常的生活轨道上来。③追求事业和理想,既可使自己升华,又获得了重新择偶的机会,一举两得。④不要急于恋爱,花时间反思一下问题所在,这样才能走出失恋的阴影,获得成长。

健康的性爱

1. 如何理解性爱

大学生的性生理已经成熟,必然会对性爱充满好奇与渴望。但性生理成熟并不代表性心理也相应成熟,同学们在开始面对性的时候,必须要对性心理及其特征有一个正确的理解。性心理是在性生理的基础上,与性征、性欲、性行为有关的心理状况与心理过程,也包括与异性有关的男女交往、婚恋等心理问题。大学生的性心理有以下表现。

性意识成熟 "窈窕淑女,君子好逑。"在这个时期,大学生进入了性爱恋期,不再满足于那种朦胧的好感,明显地流露出想和异性单独相处的意愿,开始以自己的标准、兴趣、爱好、审美观来选择自己理想的恋爱对象,对特定的异性表现出特别的关心。这种心理和行为都是很正常的,这是以后建立幸福家庭的基础。

渴求性知识 在中国传统的性观念中,性欲始终是被视作下流的,人们羞于谈性,耻于谈性,忌讳谈性,同学们就是在这种性文化背景下长大的。近年来,开放的性观念也对同学们产生了极大的影响,使同学们的性心理发展处于多重矛盾的相互作用之中。同学们常常借助于网络、影视、图书、伙伴交流等力图对性知识有一个明确系统的了解,以满足心理上的要求。

性欲望和性冲动 由于性生理的成熟,常伴有强弱不同的

151

性冲动,它既是一种正常的生理反应,是性欲望的表现,又是一种正常的心理反应。大学生要学会理智地对待性冲动,将其控制在社会道德所规范的范围内,使自己的行为符合文明社会的规范要求。有的学生在某些特定因素的诱导下,自编、自导、自演与异性交往内容有关的联想,这种性幻想可导致生理上的性兴奋、性器官充血,也可偶尔出现性高潮,性幻想是性冲动的发泄形式之一,属于正常的生理和心理现象。

2. 大学生的性心理特点

处于青年期的大学生由于受文化层次及所处校园这个特殊的环境的影响,其性心理除具有这一阶段青年的普遍性特征以外,还有其独特之处。

性心理的本能性和朦胧性　大学生的性心理,尤其是低年级学生,由于缺乏深刻的社会性内容,基本上还是一种生理变化带来的本能作用,好像莫名其妙地对异性产生兴趣、好感和爱慕。由于不少学生不了解性的基本知识,对性充满神秘感,把这种萌动披上了一层朦胧的轻纱。正是在此基础上,在朦胧的心理变化下,性意识逐渐强烈和成熟起来。

性意识的强烈性和表现上的文饰性　与以前相比,大学生对性的关注度明显提高。同学们十分重视自己在异性心目中的印象和评价,但又表现出的拘谨、羞涩和冷漠;心里明明对某一异性很有好感,表面上却有意无意表现得无动于衷、不屑一顾或做出回避的样子;他们表面显得讨厌那种亲昵的动作,实际上很渴望体验。

性心理的动荡性和压抑性　青年期是人一生中性欲最旺盛的时期,但由于不少大学生的心理还不成熟,尚未形成稳固的道德观和恋爱观,自控和自制的能力也有限,性心理易受外界各种影响而显得动荡不安。而且,同学们也不具有通常意义上满足性冲动的伴侣,容易导致过分的焦虑和压抑,现实生活中五花八门的性信息,特别是性自由的思想,使得一些学生的性意识受到错误的引导而沉湎于谈情说爱,甚至发生性犯罪。另一些人由于性的能量得不到合理的疏导而导致过分的压抑,少数人还会以畸形的、不良的,甚至是变态的方式表现出来。

男女性心理的差异性　大学生的性心理存在着明显的性别差异,在对异性感情的流露上,男生显得较为外显和热烈,女生往往表现得含蓄而温存;在内心体验上,男生更多的是新奇、喜悦和神秘,而女生则常常羞涩、敏感和不知所措;在表达方式上,男生比较主动和直接,女生则喜欢采取暗示的方式;男生的性冲动易被视觉刺激唤起,而女生则易在听觉、触觉刺激下引起性兴奋。

3. 拥有正确的性观念

大学生虽然在生理上已经走上性成熟,但婚姻并不是这一时期的主要课题,性冲动不能通过婚姻这个社会所接受的形式来宣泄。同时,社会规范也不提倡大学生的婚前性行为。面对这种冲突难免会使人产生各种心理困扰,因此,培养健康的性心理,树立正确的性观念,调整心态积极面对它尤其重要。

依据大学生的性生理成熟情况和性心理特点,以及文化知识层次和社会角色的特殊性,大学生保持健康的性心理应遵循以下标准。①有恰当的性观念。要具备一定的性生理和性心理知识,在性认知和性意识上既不保守也不放纵,树立正确的人生观、婚恋性道德观和价值观。②有正常的性需求和性欲望,这是性心理健康的物质基础。③有正当健康的性行为方式,即符合法律法规、校规、道德规范的行为,能够自我克服不健康的性心态与性行为。④注重塑造完整统一的人格。表现为不自作多情,对待恋爱理智而慎重,能够适当控制自己冲动的感情,恋爱过程中言谈举止文雅、大方、平等相待、不粗俗,并适当保持心理距离,勇于拒绝不如意的异性追求。

大学生的身体已经发育到成熟的年龄,心理上也逐渐成熟。在谈恋爱的过程中,性的需要是很自然的事,大多人都希望有灵肉统一的爱情。然而,性不是独立的事件,性行为发生后会影响生理的安全、心理的感受,会涉及好多的社会责任。非预期的怀孕或感染性病会使学生的身体受到损伤,感到恐惧和焦虑,影响正常的学业和生活,影响未来的幸福。只有树立正确的性观念,掌握科学的性知识,理智对待性行为,才能真正体验到性爱的美好。

五、珍惜青春纯洁的爱

六、正确认识互联网

互联网络空间，是互联网时代人类的另一重要生存空间。大学生作为高文化的特殊群体，现阶段是国内"网民"中比重最大、最活跃的一个群体。网络已与大学生的学习和生活紧密联系在一起，成为大学生获取知识和信息的重要渠道，并对大学生的思想观念、价值取向、思维方式、行为模式、个性心理等产生了深刻而广泛的影响。利用网络进行适度的、合理的交往，可以满足大学生多方面的交往需要，但是由于涉世不深、追求刺激、喜欢娱乐、自控能力较弱的特点，大学生也容易过度使用网络而形成网络依赖，从而造成对其学习、生活、身心健康等方面的负面影响。

走进网络交往

网络已经成为一种新的时尚，它信息量大，高效便捷，使我们开阔眼界、增长知识、陶冶性情、提高素质，但它的虚拟屏蔽、自由随意，又易让我们忽视规则，肆意传播，沉迷其中，不能自拔。网络的发展使大学生的人际交往变得更快捷、更方便，交往距离更远，交往范围更广，引起了学生人际交往模式的变革。

什么是网络交往？网络交往的含义有广义和狭义之分。广义的网络交往等同于互联网使用行为。狭义的网络交往仅仅指网络人际交往，即在网络空间中进行的人与人之间的信息、情感交流，达到相互影响、相互理解，并建立一定的人际关系。

网络交往是一种精神交往。交往可以分为物质交往和精神交往，物质交往的内容是物质产品，而精神交往的内容是思想、意识、观念、情感和情绪等精神性的东西。网络空间是一个虚拟的空间，这里发生的一切只能是虚拟了的一种现实。网络交往的这一基本特点决定了它只能是一种精神交往，体现的是人类精神性产品的交换、沟通。

网络交往有这样一些特点：一是交往对象的广泛性。到目前为止，网络交往是一切交往方式中最能够突破各种限制的、最广泛的交往，是实现了真正意义上的普遍性交往。千百年来，时空一直是制约人际交往的主要因素。相应的，人际交往的对象总是有限的,互联网突破了时空对人际交往的限制,大大缩短了人与人之间的空间距离,"天涯若比邻"、"世界就像针尖般大小"。在这里,人们可以通过互联网上所提供的各种不同的交往方式与世界上任何地方的人进行交往,而且速度之快令人满意。

二是交往过程的匿名性。匿名性是网络交往最显著的特点。网络交往中的匿名不是无记名,而是假名、虚拟名或符号,是交往者个人随意设定的。而且网络交往是一种"身体不在场"的交往,所以,仅仅根据这样的名字,人们是不可能判断出对方的真实身份的。有人风趣地将 www(world wide web)表达为这样一个意思,w 为"无"的意思。因此,www 就是无身份,无性别,无年龄。这种看似笑话的说法却道出了网络交往过程匿名性的特点。

三是交往角色的虚拟性。网络角色最终浓缩为电子书写的网络名。在网络交往中,由于交往双方不必见面,只是通过语言文字和一些网络符号,根据自己的主观想象、期待、愿望,虚拟出各种不同类型、不同性格特点的角色。交往角色虚拟性的特点一方面允许交往主体体验现实交往无法体验的自我,使交往主体处于相对平等、无直接利害关系冲突的交往位置;另一方面,匿名性、变换性、责任缺失性等又限制着网上人际关系朝纵深化方向发展。

四是交往心态的平等性。现实生活中的交往不可避免地受到交往主体等多种因素的影响,如权利、地位、文化、阶级等。人们的交往存在明显的利害关系冲突,因而导致交往者心态难以保持平等。但互联网在本质上不存在任何中心和权威,网络破除了中央权威,使一般人都能在网上获取信息。尤其是网络交往取消了现实交往中的身份、地位、文化、职业、权力等的高低贵贱之分,无论在现实生活中的身份是何等显赫,到了网上人人都是交往主体,都可以是权威,都有平等的交往机会和权利。

五是交往行为的直接性。在网络交往中,交往主体来去自由，行动方便，若遇到不喜欢的交往对象或遭遇尴尬局面时即可退出，或者以新的角色身份重新进入交往。在思想感情的表达上，交往主体可以大胆地直抒胸臆、自我暴露，不必像日常生活中那样胆怯害羞和自我掩饰，容易达到交流的较深层次。在交往对象的选择上，交往主体可以通过网络寻呼或征友方式直接选择交往对象，并利用 E-mail 等形式直接进入交往。在信息传递上，网络交往的几种不同形式都能及时、方便、快捷地传递交往信息，这更加强化了网络交往行为的直接性。

也正因为有这样一些特点，所以说，网络交往之所以不同于现实交往，最根本的地方在于对人的积极关注。网络交往把个人放在了前所未有的崇高地位，在以"他律"为基本生活准则的现实世界中，出现了强调"自己"，强调"个人"的崭新生存空间，不能不引起人们的极大热情和参与意识。这可能也是人们热衷网络交往的最根本原因。

克服网络依赖

网络作为日常学习与生活必不可少的工具之一越来越成为生活中不可缺少的一部分。然而网络也是一把双刃剑，一方面给人们的信息传递和情感沟通带来了便捷，另一方面网络依赖作为一种新型的心理疾病也随着网络使用的不断普及显现出来，给人们带来社会适应障碍等各方面的适应不良情况。由于大学生的"群体"的特征，使得大学生更加容易产生网络依赖。

网络依赖会对学生带来这样一些危害。

迷恋网络，荒废学业　在信息化社会的今天，学生上网本来是一件无可厚非的事。然而，学生在网上用于专业学习的时间却微乎其微。在学生上网比较集中的那些网吧，一眼望去 10 个上网的学生有 9 个是泡在聊天室或各类游戏网站。他们上网不是为了搜集资料，而是把网吧变成了"聊吧"，更有甚者是在上网算命。不少学生晚上"兴致勃勃"上网，白天"无精打采"上课，学习效率就可想而知了。在大学生网民中甚至还流传着"沾网就上瘾"这样一句话。有些大学生的确对网络达到了入迷程度。他们如果超过一个小时不上网，手指就会发痒，把桌面当键盘敲，看到书上有底线便以为是网络连接线，总想按按看。

人际关系日渐疏远　网络交往对人类交往方式带来的负面影响，造成人际关系淡漠、情感疏远,主要表现在以下两点。一是交往的间接性。网上人际交往是以文字为载体的人际交往,这种交往具有明显的非直接性。互联网使人与人之间的交流变成了人与机器之间的交流,人与人之间直接的感情交流越来越少,其结果是网络使他们渐渐和自己周围的人隔开,最终导致大学生群体意识淡薄和各种群体结构松散。二是网络交往使人与人之间的信任度降低,归属感变差。相互信任是人际交往的基础,而网络交往是在匿名状态下完成的间接交往,具有非对称性和不可重复性,这为人们不负责任的交往留下了余地,也为欺骗性交往大开绿灯,使得人与人之间的信任度在某种意义上打了折扣。这种交往所获得的归属感也是很有水分的。

不良信息,损害身心健康　互联网极大地缩短了知识和信息传播的时间和周期,已成为人们获取信息和对外交流的一个重要方式。然而,由于法规的滞后,管理被动等主观和客观的种种原因,网上的信息良莠不齐。从封建迷信、色情暴力到流言蜚语,再至反动言论,不一而足。虽然,时下网络正热得发烫,大小网站也如雨后春笋般地出现,但随之也出现了一些不好的现象。首先,网上"黄"毒泛滥。据统计,目前世界上的色情电子信息服务网点多达几百万个,访问它们的人数也远远多于访问学术网点的人数。其次,国外敌对势力和国内一些不法分子利用网络作为意识形态的传播工具,在网上大肆散布封建迷信和反党反社会主义的言论,大肆对社会主义制度进行言论攻击,迷惑群众,混淆视听,企图破坏我国安定团结的政治局面。

价值取向紊乱,道德判断力下降　大学生的价值观念在网络的冲击下更趋于个性化、多样化,整个社会的价值观念也难以保持统一,以至于在社会道德生活中呈现出双重或多元价值标准并存的局面,多元价值标准并存的社会现实又会使政府、学校甚至社会传统一直灌输的道德观念仅仅成为人们众多道德选择中的一种,而社会道德的主要规范一直所起的支配性作用则可能消失,由此而造成的道德相对主义导致青年的道德选择迷惘和价值取向紊乱。互联网所容纳的信息生产者数量极其庞大,信息的产出已无法由法律加以有效的控制,而且法律的控制还处于自身提倡言论自由却又控制言论自由的两难境地之中,这样,就更增加了无意自律的信息生产者向社会大众倾泻色情、暴力等反伦理的内容和一些似是而非的内容。大学生群体在信息消费完全自主的情形下难以判断是非,如果听任网上信息泛滥,更多的大学生将会在网络中丧失应有的道德判断力。

网络依赖作为问题行为对学生的危害很大,沉迷于网络的同学应该认真审视自己的现实生活,认清自身的需要和应解决的真正问题,致力于从现实生活中寻求需要的满足和解决问题的出路,主动调整自己的行为,把握好自己的人生方向。那么,如何摆脱网络依赖呢?

(1)认识恶果,远离诱惑。对大学生来说,应该看到网络只是一个工具,那些迷恋上网而不能自拔的学生,随着上网时间的不断延长,记忆力下降,厌烦学习,对各种活动漠不关心,进取意识减弱,与周围同学关系紧张。据调查,有网瘾者100%厌学及成绩下降,20%失学,50%能够摆脱,但回校学习已是困难了。

(2)上网之前定目标限时间。控制上网时间,寻找老师、同学监督,这一点是必须要做到的。网上的时间仿佛是静止的,让人无从感觉到时间的流逝和时间的变化。大学生应该主动地约束自己的上网习惯,可逐天减少上网的时间,或调个闹钟放在电脑旁,尤其要注意夜晚上网时间不可过长。

(3)变隐居网络为投身现实,积极参与实践活动,寻找替代爱好。如找本书看看,参加一些自己热爱的活动。多跟亲人、朋友联络,通过面对面的交流增进感情。在周末、节假日、纪念日,除了发短信、打电话联络,还可以约着一起外出呼吸新鲜空气,或者到咖啡厅、酒吧坐一坐、聊一聊。很多人以学习工作太累为由,放假了就闭门不出,反而没有出去散散心得到的放松效果好。

测测你的网瘾有多大

1. 每个月上网时间超过 144 小时,即一天 4 小时以上。

2. 头脑中一直浮现和网络有关的事。

3. 无法抑制上网的冲动。

4. 上网是为逃避现实、戒除焦虑。

5. 不敢和亲人说明上网的时间。

6. 因上网造成课业及人际关系的问题。

7. 上网时间往往比自己预期的时间久。

8. 花许多钱更新网络设备或上网。

9. 花更多时间在网上才能满足。

只要有 5 项以上的回答为"是"，即说明上网成瘾。

慎重对待网恋

　　网恋的确是美丽、神秘而又甜蜜的。新生远离家人，身边还没有异性朋友的陪伴，网络宽松的环境为爱情的发展提供了最好的土壤，也使原本羞涩的人敢于表达自己的感情，从根本上提高了网上爱情的成功率，使网上的爱情更浪漫更温柔。同时，网上情缘不需要任何承诺，也没有任何约束，爱情的风花雪月通过网络就能实现。大学生网恋问题的有效解决既是一个长期过程，更是一个涉及方方面面的系统工程，不但需要整个社会的综合影响，也需要学生自身内外因素的交互作用。

　　大学生自身要有"虚拟社会"主人翁的道德责任感　　树立网络伦理意识，或者说树立作为"虚拟社会"主人翁的道德责任感。大学生必须意识到："虚拟社会"是或者将要是我们生存生活的基础，网络伦理是在其中正常生活不可缺少的人际关系的调节机制。从表面看来，"网络化生存"仿佛是人在和机器、符号、声音打交道，但实际上，是在和一个个与我们一样有着共同利益与需要的人打交道。我们不是生活在冰冷的机器世界里，而是生活在一个充满感情的人性世界里。因此，大学生要自觉维护基本的网络秩序，制止网络不道德行为。

　　树立正确的网上恋爱观　　现代的爱情有其鲜明的现代特征：自由、平等、强烈、持久、排他、必须以互爱为前提。同时，爱情还具有崇高的道德价值。所以应从社会的角度来理解恋爱的道德要求,即便是网恋也不能逃避社会的约束。正确的恋爱观要求当事人要把双方的品德、情操和志同道合放在首位,真诚地尊重对方的情感,平等地履行义务和责任,采取健康的交往方式。因此,大学生不能因为网络的虚拟性、复杂性等特点而忽略掉爱情的社会性,不能将爱情沉陷于虚无的网络世界,网络中的爱情只有"下载"到现实生活中来,才有生长的土壤。

合理地控制和适度地调节自己的情感　大学生需要理智处理好网恋与各方面的关系。作为恋爱之一的网恋并不是生活的全部内容和终极目的,人生除了爱情,还有理想、事业等值得不懈追求。当爱不能如愿到来时,不要强求,要适当地进行心理转移。加强自我约束,学会"慎独"。"慎独"对消解大学生网恋中可能出现的伦理问题具有不可替代的作用。在网恋中,大学生要做到"勿以恶小而为之",只有这样才能在"虚拟社会"保持一个健康向上的道德人格,提高自己的道德素养。

加强自我保护和防范意识　在网恋过程中,网恋者要加强自我保护,培养较强的识别能力和免疫能力,避免在不知情的情况下落入"网络的桃色陷阱"。网络是一种开放型的虚拟空间,在给人们显示一种朦胧、神秘的诱惑的同时,也在一定程度上掩盖了卑鄙者的罪恶,故更需加强自我保护和防范意识。特别是对于生活在单纯的"象牙塔"内,容易把情感放在第一位的大学生而言,如果自我防范意识不强,在情感上很容易上当受骗。

我的未来我做主

亲爱的同学，祝贺你即将顺利完成大学的学业！快要走向社会了，你一定很激动、很兴奋，也一定会有紧张和不安。你是选择就业，还是创业？你知道求职和创业中要注意的问题吗？对于毕业，你有什么感想？

一、在社会实践中提高创新能力

　　高等职业教育以培养面向生产、实践、管理、服务一线的技术型、应用型人才为主要目标，是一种职业型、技术型、应用型的高等教育。高等职业教育特殊的教育类型和特定的培养目标决定了实践教学体系在人才培养过程中的重要作用。作为新时代的大学生，积极参加社会实践活动是非常有必要也是非常有意义的，随着社会的发展，一个只有满腹经纶，却没有实践经验的人，会逐渐被社会淘汰。同学们应该在掌握理论知识的基础上，真正地走向社会，积极参加社会实践，在实践中不断地提高和完善自己。

社会实践活动是大学生的必修课

1. 参加社会实践活动，有助于同学们深入社会，增长阅历

　　社会实践活动是大学生了解国情、了解社会、增强社会责任感和使命感的重要渠道。同学们从中学校门到大学校门，是在书本知识中成长起来的，对我国的国情、民情知之甚少，而社会的复杂程度，远不是仅凭读几本书，听几次讲座，看几条新闻就能了解的，社会实践则为你们打开一扇了解社会的窗口。大学生走向社会参加实践，可以亲身体验生活，在与人民群众的接触、了解、交流中受到真切的感染，从活生生的典型事例中受到深刻的教育和启发，更好地了解社会、认识社会，从而使思想得到升华，社会责任感和使命感得到加强。

　　同时，社会实践又是一笔宝贵的财富，可以学到书本以外的知识，可以让同学们深入生活，开阔视野，了解社会。经过社会实践的磨炼，同学们会变得更加成熟、更加清醒、更加自信。当代大学生有承担未来建设国家的重任，追求进步，刻苦求知，勤于实践，全面成才是广大青年学生的共同心愿。通过实践，同学们在身体上受到了

锻炼,在思想上得到了启发和升华,使大家多了一份生活体验、社会经验和组织活动能力。这对以后的学习、生活和工作都将起到重要的影响。

2. 参加社会实践活动,有助于同学们在实践中认识和完善自我

社会实践能帮助同学们正确认识自己,对自身成长产生紧迫感。通过广泛的社会实践活动,能让同学们看到自己与社会需要之间的差距,看到自身知识和能力上存在的不足,比较客观地去重新认识、评价自我,逐渐摆正个人与社会、个人与人民群众的位置。同时会产生一种紧迫感和危机感,使同学们能够潜心思考自身的发展问题,不断地去提高自身素质和能力,以适应社会发展的需要。

在社会实践中,同学们要同各种各样的不同身份的人打交道。这些人中既有活动伙伴,又有社会群众和指导老师。在这种情况下,学会如何与同学分工合作,与老师、群众配合学习,如何恰当地处理人际关系,融洽地与他人相处就显得尤为重要,而实践活动现场正好成为考验同学们品性修养的好环境。在那些普通而又平凡的群众面前,大学生的娇气和骄气会得到克服;在实践的困难和危险面前,要求同学们要有一定的牺牲精神和坚强的品质,这将有利于提高大家的个人素养,不断地完善个性品质。

3. 参加社会实践活动,有助于同学们将书本知识转化为实践技能

社会实践是对理论知识的转化和拓展,有利于同学们增强运用知识、解决实际问题的能力。大学生以课堂学习为主要接受方式,而课堂学习所获得的知识基本上都是间接的、系统的理论知识。这些知识对大学生来说非常重要,但这些理论知识并不代表大学生的实际技能,往往难以直接运用于现实生活之中。而且,在实际的生产生活中,许多问题单靠某一方面的知识是难以解决的,而需要考虑诸多因素,运用多方面的知识和技能才能解决得了。社会实践使大学生接近社会和自然,获得大量的感性认识和许多有价值的新知识,同时要把自己所学的理论知识与接触的实际现象进行对照、比较,把抽象的理论知识逐渐转化为认识和解决实际问题的能力。随着社会的不断发展,对各种人才的要求也随之不断变化,竞争已成为社会的基本特征。因此,专业面窄、社会适应性差、综合能力不强的人在市场竞争中必然处于劣势,社会实践使大学生不断地参与社会生活,在实践中不断动手、动脑、动嘴,培养和锻炼实际工作的能力,并且在工作中发现不足,及时改进和提高,使之更新知识结构,获取新的知识信息,以适应社会的需要。

在平时的实践学习中大家可以相互交流沟通,这些交流活动会积累很多宝贵的经验。可以结合专业所学知识开展活动,这有利于提高自身的专业知识和技能;可以接触到相关单位,并有机会与其保持长期的联系,方便以后实习就业;可以结识很多合作伙伴,有利于日后专业的交流;还可以获得对专业从理论变为现实的全局把握。在完成实践的过程中,培养沟通能力、说服能力和组织能力。

4. 参加社会实践活动,有助于培养学生的创新意识

社会实践活动没有固定的模式,也没有固定的场地和对象,一般是在一个比较开放的环境下,面对不断变化的对象,学生是主动的参与者。大多数情况下,大学生们要自行组织活动,要独立面对和解决各种问题。在这种情况下,没有了课堂教学的束缚和校园生活的限制,学生们的积极性被充分调动起来,兴趣高涨,思维也空前地活跃起来,往往会产生一些创造性火花,在实践中勇于开拓、敢于创新。这种实践活动多了,并且能深入下去,大学生在积极参与的过程中,就会逐渐养成坚韧、顽强的优良品质,形成务实的学习态度和生活作风,不断提高自己,更加重要的是要借此活动培养出广大学生的创新意识,激发学生勤奋学习、奋发成才的积极性和主动性,推动大学生"创新教育、实践教育"向纵深发展,也让平时的理论学习有付诸实践的机会,同时也让同学们为以后的工作打下基础。

社会实践的主要途径

参加社会实践的形式和途径很多,狭义的社会实践指的是专业实践,而广义的社会实践是指能获得课堂学习以外的知识、技能和能力的一切社会活动。社会实践的主要途径有以下几个方面:社团活动、志愿者活动、勤工助学活动、参加学生干部组织的活动、综合社会实践、"三下乡"暑期社会实践、专业实践以及顶岗实习等。参加适量的社会实践活动可以增强自我教育、自我管

志愿者在街头服务

理、自我服务的积极性、主动性和能动性。志愿者活动是大学生以主人翁的角色和姿态，在力所能及的范围内开展一系列知识面拓展、友谊交往、义务服务等自助和助人活动，既可以帮助自身培养爱心，也可以树立自立、自强、感恩的精神和服务社会、回报社会的意识。专业实践和顶岗实习等实践活动，不仅可以进一步丰富同学们的课堂理论学习，同时也有利于培养大家的动手能力，为将来的就业创业提供直接的帮助。而校内外兼职等一些勤工助学活动还可以增加一定的经济收入，一方面可以为父母减轻负担，另一方面还能给自己带来自信心、成就感和自豪感。

我校的集中社会实践活动，一般分两次安排，一次是每年的寒假开始前一周的综合社会实践，主要是结合学科专业知识的学习，以同学分散回乡参加相应的的实践活动为主；另一次是每年的暑假期间，以学校组织和学生个人相结合的方式，开展科技、文化、卫生"三下乡"社会实践活动。开展社会实践活动情况要进行考核，并计算学分。同学们要根据自己的特长和爱好，以及条件可能，积极参与。

独特的实践模式——2+1顶岗实习

顶岗实习是指职业教育在完成教学大纲规定的基础课、理论课、实验课和基本技能强化训练教学以后，组织学生到企业事业单位顶替职工进行技术工作，同时完成生产实习任务的一种新型教学模式。顶岗实习以其工作的真实性、工作环境的复杂性、工作经历与体验的综合性等特点成为高等职业教育不可缺少的重要环节，在人才培养过程中起着不可替代的作用。

学校于2007年出台了《镇江高专"2+1"教学模式改革校外综合实习学生教育管理暂行规定》，以制度的形式规范学生顶岗实习的教育和管理。通过几年的运作，收到良好的效果。顶岗实习使学生身处职业工作的真实场景，亲身感受企业的需求和企业对员工能力的要求，促进其不断反思，构建自己的知识体系，培养科学严谨的工作态度、勤奋务实的工作作风，把所学的理论知识与工作实践结合起来，在实践中获得适应环境和解决实际问题的能力，提高职业道德修养，全面提高综合能力。学生借助特定的情境，能够亲身体验专业教师、企业员工以经验形态存在的知识，掌握职业活动的基本技能，练就真本领。顶岗实习还能使学生客观认识社会，自觉缩小就业意向与企业需求之间的差距，逐步形成比较务实的择业观,能够帮助学生及时掌握就业信息,实现就业与企业用人的对接,也能为学生增加相关工作经历,提高学生进入社会的适应性。

当然,一年的顶岗实习期间,学校并不是对同学们放任自流,不闻不问。有个别同学误认为最后一年实际上就是提前走上工作岗位,其实并不然,顶岗实习是学校按照教学大纲课程设置和教学计划精心组织安排的重要教学内容。每年学生离校奔赴实习岗位,学校都要精心安排动员,布置学习任务,明确注意事项。在整个实习过程中学生要认真完成学校布置的学习任务——毕业设计,并要通过考试和定期回校接受培训。专业课老师会通过互联网、短信、走访等多种方式进一步对学生进行专业辅导,教务实训、学工团委等部门也会通过多种渠道和方式从学生的思想、心理的角度进行帮助与指导,有些班级的课程教学和辅导甚至会搬到实习单位进行。总之,最后一年的实习是在学校总体安排之下有序的进行,是学校人才培养的重要组成部分。

学生在校内参加实习

为了维护学生的利益和安全,在顶岗实习时务必要遵守以下有关制度。不得参与危害社会和实习单位稳定的活动,不能有损害他人利益的行为;要树立自我防范保护意识,保护自己的人身和财产安全,不得参与任何非法传销活动;严禁酗酒、打架斗殴、赌博;禁止携带、私藏管制刀具和其他危险品;自觉维护消防及其他安全设施,注意防火、防盗,防止各种事故的发生;在取得卫生许可证的食堂、饮食店、商店进餐或购买食品,注意饮食卫生;严格按照岗位安全操作规程上岗实习,出现设备工作不正常和其他影响人身安全的情况时,应及时向实习单位报告;自觉遵守学校和实习单位有关规定,严格履行请假手续;禁止擅自外出旅游和到江、河、湖泊等自然水域游泳;禁止参与一切不健康、不安全活动;力争与实习单位签订劳动保障协议等。有条件的还要购买相应的人身保险。

二、做一个有特长的"多面手"

近年来专科生的队伍越来越庞大,随之而来的就业压力也就越来越大。而另一方面社会对专科生并没有从根本上摒弃传统的偏见甚至是歧视,社会对专科生仍然普遍存有低起点、高标准、严要求等苛求。不可否认,专科生的起点较本科生的确稍低一些,社会固然也存有某些不公平的现象。但是作为专科毕业生,同学们面对就业生存的压力,就只能怨天尤人沉沦下去吗? 答案是否定的。专科生面对社会现实要冷静,必须寻找一条就业生存和创业发展的可行之路,运用自己的优势,在社会上谋求属于自己的职业天地,通过不懈奋斗,开辟属于自己美好的人生未来。

过硬的专业技术素质

高素质人才必然有扎实的文化素质和专业基础,一个人只有具备了较全面的知识,才能立足社会,发展自我。如果一个人的才能与活动要求相符,并具有较高水平,从事某种活动时就可以得心应手、游刃有余、事半功倍;反之,才疏学浅、能力较差的人,做事就会感到力不从心、事倍功半。专业技术素质是劳动者对职业了解与社会适应能力的一种综合体现。高职高专教育属于职业教育,课程内容是以培养学生实际技术能力为主的,课程的本身就是职业技术素质培养的主要内容。学生只有扎实掌握专业技术,才能真正适应职业要求。

现在,用人企业对人才的要求标准越来越高,为了增加自己择业时的筹码,同学们就要更加注意对自己专业技术素质的培养。面对职业选择,同学们首先要进行社会角色转换。面临多方面综合能力的考验,大家能否顺利融入社会、胜任工作,专业技术素质的高低是一个重要的影响因素。不懂得职业特性,是无法顺利适应工作的。

在专业课程的学习过程中,主要任务是学会有关专业的基础知识,学会解决专业问题的能力。专业知识是提高自身技能的工具,专业技能是谋生的手段,是适应社会的必要基础。所以,专业课程的学习与专业技术素质培养是息息相关、密不可分的。当然,社会对人才的要求是多方面的,一个真正的人才不仅仅技术要过硬,更应懂得如何树立信心,如何团结协作,如何处理问题。除此之外,在学习专业知识的同时,还要扩展培养与本专业相关的专业技术素质。

单湛,我校电子信息系电气专业 1998 届毕业生,非常喜爱自己所学的专业,勤奋好学,刻苦钻研,利用一切机会学习和提高自己的专业理论和技能,在校期间已有突出表现,得到老师和同学的一致称赞。曾获一等奖学金、大学生英语演讲比赛第二名、计算机程序设计比赛(专业组)第二名等荣誉。1998 年就职于金东纸业有限公司,担任仪控课 DCS 助理技术员、工程师。2001 年就职于上海克虏伯不锈钢有限公司,任计算机集散控制(FIELD-BUS)工程师。后就职于瑞士 ABB 新加坡公司,任计算机集散控制(FIELDBUS)首席工程师。其间参与江苏、广东等地以及印度尼西亚、泰国、澳大利亚等国数十项大型造纸、水泥、钢铁项目的系统设计调试,并到日本、德国、马来西亚、瑞典、瑞士、芬兰等国研究中心,进行测试、研究、论证、考察学习。现在是世界上该专业领域三十位首席工程师之中最年轻的一个。

努力培养自己的特长

在专科生中不乏在某些领域特别突出的佼佼者,他们在学习专业的同时能够围绕兴趣把自己的特长发挥到极致,发展到炉火纯青的地步,并且不比一些专业科班出身的人差。特长分专业内特长和专业外特长,专业内特长是指在某一方面是绝对的高手,如电气专业的接线、旅游专业的演讲、英语专业的口语等;专业外特长是自己学习专业以外用心积累和修造的本领,如音乐才能、写作才能、软件设计,以及其他自己喜欢的特长才能等。专业外特长一方面满足了自己的职业梦想追求,另外在学生就业的过程中也会起到意想不到的效果。

湖北某专科高校的毕业生吴正黎，大学专业是生物工程，除了专业本身的就业难度较大外，他自己对这个专业也并不感兴趣。所以在大学期间，他在努力使自己的专业成绩达到合格之余，在他最喜欢的新闻报道上倾注了自己全部的心血。有空的时候他就坐在图书馆里查资料、读新闻著作，较为系统地自学了新闻理论，并迅速地掌握了基本写作技巧。于是在学校以及周边有重大新闻事件发生的时候他总能快速投入采访，写出一篇篇好的新闻稿件。他先后在当地以及全国的媒体上发表各类文章数百篇，一时间成了校园里家喻户晓的明星人物。快毕业时，班主任找他谈心，建议他去媒体求职试试，结果他利用自己爱好新闻写作，并发表过数百篇作品的优势，一举击败了一些新闻专业本科生，顺利进入了宜昌一家新闻单位。

　　巫长龙，我校管理系营销专业 2002 届毕业生，家境贫寒，来校后学习非常刻苦。一个偶然的机会他参加了学校组织的征文演讲比赛，由于表现突出被选送参加江苏省的比赛，获得三等奖。从此，他对文学产生了浓厚的兴趣，参加了学校的校报记者团，磨练笔锋，在校期间，在校外媒体发表文章数十篇，为将来的工作打下了深厚的文字功底。毕业后顺利地考上国家公务员，后从基层乡镇干起，不断进步，工作出色，现为镇江市委办公室综合二处副处长。

　　我校 1997 届毕业生王豪杰，原本是学机械工程专业的，但他在学校时对市场营销特别感兴趣，平时就注意学习了解这方面的专业知识，有意识地参与各种营销活动，并加入校学生会锻炼自己的口才和人际交往能力，积累了一定的经验，在学校时已经是小有名气的能人。他毕业时应聘到一家大型医药企业做营销工作，通过自己的努力，成为企业的营销骨干，不断为企业创造新业绩，如今已是企业的高级主管，成为企业不可或缺的人才。

　　其实在大学校园里，像吴正黎、巫长龙、王豪杰这样的除了自身专业外还身怀某种"绝技"的大学生为数不少，他们的专业可能在就业的时候并没有优势，而且他们也可能并不喜欢自己的专业，可他们把其余精力和心血放到了自己感兴趣的特长上，并达到了一定的高度，同样也是大有市场的。但这种看起来本末倒置的就业道路的前提是专业合格＋特长突出,两者缺一不可。

一专多能闯天下

专科教育很多时候是围绕专业教育进行的,注重培养学生的动手能力,属于技能型和实用型教育。事实证明,现在一些职业技术院校设立的专业实用性很强,有的学校直接面向企业进行定单式培养,在毕业的时候整班的学生被企业要走,出现供不应求的局面。这正说明了社会很需要实用型的人才。

一个专科毕业生,有较强的动手实践能力,能够随时灵活熟练地处理生产第一线的问题,必然会受到用人单位的欢迎。通过对专科毕业生分专业就业率的分析,不难看出:紧缺专业的专科生比较走俏,而长线专业、实用性不强的专业、缺少创新的传统专业的专科毕业生滞留严重。由于种种原因,专科生接触新知识、新技术的机会比较少,这就要求专科生在打好专业基础的同时,尽可能多关注一些当前社会的热点问题,并要及时了解相关相近新技术的发展动态,激励自己不断提高技术水平和获取有益的经验,增强开拓专业的信心和勇气。每年学校有不少学生毕业前就被一些大企业提前录用,根本不愁就业出路。由于就业形势好,现在生源质量不断提高,进入了一种良性循环。但是前提是学生能吃苦,所学专业够精通,能在岗位上有优异的表现才行。专科教育对专业的细分以及与市场紧密的衔接,也让专科生就业具有一定优势。电器、机械、化工旅游、设计等专业在就业市场上非常抢手,毕业生进入企业后无需长时间培训便能够很快上手工作,而很多文经类学生却遇到很多难题。

因此,现在不少专科毕业生都会认真分析自身的优缺点,克服竞争中的劣势,积极充电,以增加自身的就业砝码,有意地去学习与本专业相关的知识,并取得专业资格证书,他们形成一个共识:"取得的这些证书尽管只是初级证,工作后还要再考,或许考再多的证也不能和本科生相提并论,但是至少可以为自己赢得更多更好的就业机会。"

确实，在证书天下的当今社会，多考几本证书对专科生是大有裨益的，在求职的道路上无疑增加了就业的砝码，同时也能为自己多留一条后路。如今的社会除了热门的英语四六级证书、计算机等传统等级证书外，也有不少其他火爆的职业资格证书，如导游资格证、会计资格证、报关员资格证、人力资源规划师资格证和教师资格证等。这些不仅能增加求职路上的砝码，更可能作为兼职或者第二职业，让自己多一种选择和多一条后路。盛产"抢手专科生"的深圳市高等职业技术学院院长俞仲文就认为，现在社会正从"学历型"转向"学习型、资格型"，学历证书已不能完全证明一个人的职业能力，而各式各样的职业资格证书正可弥补"学历证书"的不足。许多专科大学生的求职经历证明，只要是"一专多能"的人才，还是能得到一些"英雄不问出处"的单位的赏识的。

"文凭比不上别人我还有资格证，一个不够分量，两个我也有。"不少专科生为了加大求职"筹码"，早早就考取了各种资格证书，在拿到毕业证书的同时，大部分人还手持计算机程序员等各种资格证书，成为"多证一族"。"双证制"是学校对学生的硬性要求，达不到要求即意味着拿不到毕业证书，所谓"双证制"即毕业生持毕业证书和职业资格证书就业。高职毕业生在获得毕业证书的同时，再获得一个或多个与本专业相近的从业岗位职业技能资格证书，是提高学生技术应用能力和就业竞争能力的重要手段。学校强调和重视"双证制"，也是为了突显强化技能培养，提高学生社会竞争力，适应行业发展需要的极端重要性。因此，学校要求在保证学好本专业课程、获得毕业证书的同时，积极鼓励学生踊跃参加英语等级证、计算机等级证和职业资格证等社会和行业的技能考级，努力做到"一专多证"，以增强毕业生在就业市场中的竞争实力。学校设有国家级工种技能鉴定站，并把培训与考证列入专业教学计划，为各类专业毕业生通过职业技能考评鉴定获取等级证书，创造了便利的条件。

三、培养良好的择业心态

自从我国教育体制改革以来,大学的教育方式和就业方式已经发生了根本性的变化。传统的考上大学就高枕无忧的时代在双向选择、自主择业的人才市场运作过程中已成为历史,大学生毕业求职已成为其大学生涯必不可少、尤为重要的一环。大学不仅仅是一种教育,也是职业生涯的起跳板和阶梯,在市场经济条件下,这是一个不能不正视的现实。大学生是渴望成功的一个群体,大学毕业生又是这个群体中的特殊群体。在生活中一些大学生在择业心态上存在误区,这种心态具有普遍性,也具有代表性。

大学生择业心态的误区

当前,我国的就业是以自主择业和市场需求为基础的双向选择。一些大学生在择业过程中往往没有充分的心理准备,不能正确地估计形势,也不能很好地把握自己在求职过程中的定位,从而导致了择业心态上的几种误区。

双趋择业心态 在择业的过程中面临着多种工作选择,而这些工作职位和类别又都是他们所愿意从事的,一些大学生不知道该作出怎样的决定,犹豫不决,有时会错过机会,失去选择的权利。

双避择业心态 在很多人才市场和工作选择上,一些大学生感到这些需求信息和招聘单位不符合自己的择业目标,虽然没有其他就业需求,也不愿意做出选择。还有一些大学生虽然喜欢这些工作,却担心用人单位不能录用或者认为自己实力不足,不去应试,采取避而远之的消极态度。

趋避择业心态 有一些大学毕业生在择业的过程中,经常会遇见这样的情形,某些单位缺乏其所学专业的人才,但这些大学生认为与自己的预期理想不一致不愿意到那里工作;而他愿意从事的行业和单位又不选择他。这也是择业过程中的一种矛盾心态。

产生择业心态误区的原因

产生择业心态误区的原因是多方面的,但主要有以下四个主要方面:

个人理想与就业现实的矛盾　一些大学生在校期间一直在努力学习和锻炼自己,希望大学毕业后找到一个好工作,所有的学习和锻炼都是为了这样一个目标。而就业的形势和现实却与这一目标相去甚远,个人理想和就业现实的矛盾深深困扰着自己。正因为这样一个矛盾心理,在择业上表现为无所适从或者盲目悲观。

专业特长与职业需求的矛盾　通过三年的学习,同学们已经基本掌握了专业知识,能够发挥自己的特长,基本上清楚自己学到了什么、能干什么、不能干什么。而众多职业需求却大都与自己的专业不符合,这种矛盾在当前大学生的求职过程中经常存在,一旦到专业不对口的单位去工作就要考虑该怎样干的问题。在面临这一情况时,一些大学生往往开始犹豫不决,容易产生择业心态的误区。

目标定位与多元选择的矛盾　在许多需求信息中,只能选择几个作为自己的应聘目标,虽然不是唯一,但最后只有一个,那就是最符合个人目标定位的单位。面对多个需求信息和应聘单位时,这个矛盾驱使一些大学生徘徊于类似于考试时的多向选择基础上的单项选择,使得他们出现择业方面的偏差。

就业形势与择业时限的矛盾　目前我国就业形势十分严峻,大学生的就业压力很大,不能否认有的大学生可能还要面临暂时性失业的问题。对于工作没有最后落实的大学生来说,有一个择业时限的问题,过了就业派遣时限,毕业以后只能自谋出路。所以这种矛盾是导致择业心态误区的又一个诱因。

走出择业心态的误区

大学生走出择业心态误区不仅需要个人积极努力,还要在认识其重要性的基础上,作好战略性的抉择和战术上的灵活处理。当然还需要学校从各方面加以指导,通过学校的信息优势和政策导向,为大学生提供就业咨询和服务,为大学毕业生的择业成功做好各方面的工作。高职学生积极的就业心态有助于就业目标的达成。面对迅速发展变化的社会环境,要使大学生保持较好的适应状态和愉悦的情绪感受,仅仅提供求职信息、求职技巧是远远不够的。这就需要学校加强大学生就业前的就业指导、职业咨询和心理辅导,引导其树立正确的世界观、人生观,形成良好的择业心态,具备积极、灵活、平和的心理品格,以有助于顺利就业。

1. 正确认识自我,调整择业心态

正确认识自我是确立择业目标的基础。

认识自己的特点,如自己的兴趣爱好和能力特长等,以及这些个性特点适合从事什么样的职业。

了解自己所学专业对应的职业或职业群信息。

评估自己的就业竞争力,包括专业学习成绩、实践操作能力、外语水平、计算机水平、社会活动能力、工作经验、科研和创作成果等。建立恰当的自我认知,不仅要了解自己的专业知识和技能,而且还要对自己内在的气质、兴趣、能力有一个正确的评价,了解自己的优点和缺点,从而根据自己的条件确定择业的目标,推断自己未来的职业发展趋势。现在用人单位对人才的要求越来越高,目前我国的再就业人员与大学毕业生在择业过程中存在着激烈的竞争,大学生也不能把自己定位过高。对于就业难的形势要有一定的承受力,做好充分的心理准备,转变择业观念,并根据实际调整好自己的择业心态,客观地选择符合自己的择业目标。

2. 准确把握心态调整的难点与重点

有效地开展心理辅导。心态是一种复杂的心理活动状态,它包含信念、价值观,也包括情绪、感受。决定心态好坏的关键因素是人的信念系统。不论是树立正确的心态还是调整心态,都要抓住信念系统的改变这个关键环节。心态调整的难点在于大部分信念和价值观存在于潜意识层面。心态培养往往不是讲道理、做报告就可以实现的。知道了并不代表一定就可以去做,或可以做到。例如,一些高职学生知道求职时要表现出自信,但内心缺乏力量感,总是表现不出自信的样子。心态的调整和培养只有触动潜意识部分的信念和价值观,才能从根本上解决问题。根

据学历层次和技能水平确定合适的择业范围,才能扬长避短,更好地面对就业形势。

3. 提高自身抗挫折的能力

高职学生在求职过程中遭遇挫折是客观存在的,关键在于是否能以积极的心态面对挫折。

我校96届化工专业毕业生苏士军,是校学生会主席,在校时就小有名气,毕业时他做了充分的准备,提前把简历做好,还买了一套西装备应聘之用。可是参加了两次人才交流会后,他发现自己的材料根本递不出去,用人单位一看他的学历就摇头。他很苦恼,向老师求助。在听取了老师的建议后,他改变了策略,精心选择几家有可能接受自己的企业,一家家地上门进行自我推销,跑到第七家的时候,老板被他的诚意所打动,留他试用一个月。凭着聪明、勤快和踏实的工作态度,他最终赢得了这份工作,后来成为这家大型企业的高级主管。

这种屡败屡战、锲而不舍的精神是大学毕业生成功就业不可缺少的品质。但有的学生经历几次失败后,便开始怀疑自己的能力,失去了克服就业困难的信心和勇气,不敢再去追求成功的机会。

面对挫折,正确的做法应该是:平静地正视挫折,冷静地接受事实,正确地分析原因,以求得问题的解决。要冷静分析自己的心理准备是否充分,对就业信息是否充分了解,择业的心理期望值是否正常。面对挫折要学会改变认知,也可以采取自我辩解和自我安慰的方式。这样,不良的情绪困扰就会减轻,就会使自己重新振作起来。面对挫折只要主动调整就业心态,及时寻找对策,同时注意保持积极、乐观的情绪,就能最大限度地降低消极情绪带来的不良影响。

确立科学的择业目标

目前,大多数高职学生对自己的定位较为现实,容易以平和的心态根据自身的实际情况确立自己的职业目标。

确立恰当的职业发展目标 目标过高,在现实中无法达到,不仅会产生挫败感,而且会丧失为目标奋斗的信心和勇气;目标过低,又会感到体现不了自我价值,失去了追求目标的兴趣。因此目标的确立要恰到好处,即通过自己的积极努力能够达到的目标才是最具有激励作用的目标。对职业目标的期望值也要恰到好处,以便产生不断为目标而努力的动力,同时从自己的付出中看到收获和价值。

充分评估自己　充分的估计和评价自己的潜质,确立自己的职业理想,去寻求自己最佳的发展前景。拿破仑曾经说过:"不想当将军的士兵不是好士兵。"高职生也应在择业中有远大抱负,相信只要对自己的职业生涯积极地进行规划,并为这个规划而采取积极的行动,就能实现自己的人生价值。

择世所需　即全面了解社会岗位的需求。社会岗位需求是毕业生确立择业目标的前提条件。需求信息越多、越全面,越有利于选择。因此,要通过多种途径,全面了解社会岗位的需求信息和就业市场的行情,主要包括:当年的就业形势,尤其是大学生就业市场的供需状况,及本专业的社会需求情况,用人单位对毕业生的选择标准和素质要求等;国家对大学毕业生就业有哪些优惠政策;用人单位的情况,包括自己所学专业的需求单位、需求量、具体要求,用人单位的地理位置、工作环境、生产经营情况、发展前景、福利待遇、人才结构以及对毕业生的具体安排和使用意图等。

把握"人职匹配"的原则　毕业生在正确认识自我、全面了解岗位需求的基础上,依据"人职匹配"的原则,确立与自己实际能力和特点相符合的求职目标,尽量做到个人特征与职业要求相匹配。这样有利于发挥优势、树立自信,有利于个人的职业发展。

分清主次,合理取舍　许多毕业生在确立择业目标时,往往追求十全十美的理想结果,总想一步到位。但事实上这是不现实的,不可能样样随心所愿。因此,在确立职业目标时要分析利弊,合理取舍。同时,还要调整自己的择业心态,避免脱离自身特点、能力和社会需求,一味地"赶时髦"、"追浪潮"和盲目攀比。

三、培养良好的择业心态

四、就业，你准备好了吗?

俗话说"机会总是留给有准备的人"，大学生就业难的原因很多，最重要的原因应该是就业准备不充分。专业学习很重要，就业准备更重要。在职场中有很多经理人都有这样的共识，那就是不管你是不是名牌大学的学生，当你在大学阶段具备了以下大部分技能，你就会拥有比别人更雄厚的资本，可以在职业竞争中占得先机。越早决定自己的职业目标，对大学生的就业准备越重要。很多学生到了大三，还在犹豫不决，是升本呢? 还是就业? 这种犹豫，无论对升本，还是就业都没有好处。如果你早早决定升本，那么大学期间的重心就是学习，系统地学习，以拿到更好的成绩;如果你早早决定就业，那么大学期间的重心就是实践技能的锻炼，企业所看重的是技能和综合素质。

就业准备的内容

人在就业准备期间需要准备的内容很多。但对大学生这样一个特殊层次的人群来说，主要的是以下几个方面。

1. 确定合理的就业目标和择业标准

所谓合理的就业目标，就是指选择的职业既符合个人的特点，也符合社会需要，体现人职合理的匹配，能充分运用自己所学知识，发挥个人优势，多为社会作贡献的就业目标。大学生合理的就业目标主要包括两个方面。一是就业的主要目标。对于一个特定专业的大学生而言，在目前的就业形势下，最大的可能是从事与所学专业相关的职业。因此大学生应把能充分运用自己所学专业知识的职业作为自己就业的主要目标，这既符合学校教育的培养目标，又能充分运用自己的专业知识，发挥专业特长。二是就业的次要目标。这是由社会职业结构

的不断变化,相应的对人才的需求随之变化所决定的。这就要求大学生在学好专业知识的同时,根据自己的兴趣、爱好,利用课余时间,通过自学等途径,学习有关知识,培养其他能力,确定与自己兴趣、爱好相一致的就业目标。要确定合理的就业目标,就要求大学生合理调整就业期望值,优化就业的心理坐标。

2. 身体素质准备

无论哪一种职业,对从业者的身体素质都有一定的要求,不少职业对从业者身体素质的要求还比较高。所以,大学生应该养成良好的生活习惯,积极参加体育锻炼,自觉遵守作息时间,形成良好的学习和生活的规律,做好身体素质的准备,以迎接社会对自己的选择与职业的挑战。

3. 知识、能力和技能准备

一切职业都要求从业者具有相应的知识、能力和技能。知识是人类认识的成果,是培养能力和提高技能的基础。知识可分为专业知识和一般常识。前者指从事某种专门职业或进行某种特殊活动所必备的知识,后者指人的日常生活或一般活动所需要的普通常识。知识是大学生就业的基础条件。

能力则属于个性心理特征的范畴。能力可分为一般能力和专业能力。一般能力包括:

自学能力,如阅读、使用工具书、利用文献信息资料、独立思考等;

表达能力,主要有口头的、书面的、图表和数字的表达能力;

环境适应能力,如独立生活、人际交往、应对挫折、独立工作等;

创造能力,如从事科研活动、提出新见解、新发明等;

自我教育能力,如自我评价、自我监督、自我管理等;

管理能力,即人的管理和技术的管理等;

动手能力,如具体的操作能力。

专业能力因专业的不同,有不同的内容和要求。但无论是什么专业的大学生,都要具有一定的专业能力。在就业准备期就应该做到:学好专业知识;参加有关的科技活动和科研活动;结合专业参加社会实践活动;认真进行专业实习;认真做好毕业设计和论文等。能力准备是大学生就业的关键。

技能属于人的行为范畴,是运用自己已有的知识和能力去完成某一活动的行为方式,常表现为实际操作技术和技巧,它是丰富知识和发展能力的重要基础,它能不断促进知识的丰富和能力的提高。大学生除了学好专业基础知识外,还要多参加有益的校园文化活动和社会实践活动,在活动中不断提高能力和技能,为就业准备奠定坚实的基础。

4. 树立良好的就业意识

进行就业准备是为了能够从事某种职业,承担起某种职务。在就业准备的过程中,大学生不仅应具备相应的知识、能力和技能,进行生理和心理方面的准备,还应了解社会职业的性质和价值,掌握一定的职业知识,树立良好的就业意识。处于就业准备期的大学生,树立良好的就业意识,是就业准备的重要内容之一,它将对其择业和就业产生十分重要的影响。同学们应该树立按专业就业的意识,对口就业的意识,到艰苦行业、边远地区就业的意识,先就业后调整的就业意识等。

5. 进入人才市场,参加"双向选择"的准备

在市场经济条件下,大学生就业应聘的主要场所是人才市场,在人才市场进行"双向选择"就要求大学生作好进入人才市场的准备工作,掌握在市场竞争中求职的技能和技巧。首先需要大学生写好求职信和自荐书,要求实事求是,简明扼要地写清楚求职的动机和愿望,所学专业,自己的兴趣、特长,被录用后的打算,以及自己的思想状况、学习成绩、动手能力等方面的内容。切忌只写优点,不写缺点。其次掌握"双向选择"洽谈的技能与技巧。应该充分发挥自己的优势,正确运用眼、口、手的配合,举止大方自然,穿着得体,沉着、冷静地回答对方问题,千万不要牵强附会,不懂装懂,但也不必过谦,而应充满自信,展示青年大学生应有的风度和品格。

6. 心理准备,特别是挫折心理准备

当前,由于受多种因素的影响,大学生在择业就业中存在某些不健康心理,特别是当就业的现实与理想存在一定差距时会产生自卑或恐惧等心理问题。一

是自负心理，这是很多大学生都存在的一种心理。二是迷惘心理，当所学专业与社会需求不尽吻合时感到无所适从。三是逃避心理，在"双向选择"时，发现自己的知识不能适应社会的需求，于是追悔、逃避，对就业失去了信心和勇气。四是消极心理，不能正确认识和分析就业中的不合理现象，而感到失望。因此，大学生在就业准备的过程中，要注意调整自己的心理状态，保持健康的心理。那么怎样才能使自己有一个健康的心理呢？首先进行自我调节，充分相信自己，看到自己的优势、前景，减轻心理负担，保持良好的精神状态。其次做好充分的心理准备。树立正确的择业观，看问题不要极端化，处理好自我价值实现与社会的关系。作为在校大学生，应该为就业做好准备，学习成功的就业经验，为自己的就业准备提供可操作的实用方法。

培养就业能力应从平时抓起

哪怕你只是大一的学生，也应该尝试找一份兼职工作，至少要会写一份简历，去招聘会现场体验一下。只有亲历了那种场合，才能理解什么叫就业压力，才能真正不把大学当作学习的终点、游戏的开始，才能有决心在大学期间为将来做好各方面的准备。

1. 培养职业精神

培养全力承担社会责任的生命境界，敬业、勤业、立业、创业。培养职业良心，诚实守信，尽职尽责，贡献自己的聪明才智。培养良好的职业态度，学会自我勉励，即使未能达到目标，也因自己付出了足够的努力而自豪。养成珍惜时间的职业习惯，当天的事情当天做完。

2. 培养肢体技能

身心健康，不因生病或睡过头而缺课。仪表良好，在你想让其对你留下深刻印象的人面前展现良好的形象。做清晰的笔记，永远不要不带笔、纸就去上课学习。

3. 培养口头交流能力

学习一对一的交流技巧，有意识地与人交谈；学会当众演讲，可以在上课提问、演示等环节中锻炼；视频演示，至少在一门课上制作过 PowerPoint 文件，并在一些小型会议上表达自己的想法，不要一味地使用网络和手机短信的交流方式。

4. 培养书面交流能力

首先要培养良好的文字表达能力。大学生要能迅速简明地写下自己的工作建议、项目申报书等，而且必须使别人理解你的观点。其次要培养编辑和校对能力。当你得到一份粗略的文稿时，能一眼找出其中的问题，专业的规范问题以及不恰当的概念与提法问题等。最后要培养使用文字处理工具的能力。大学生要能用 Word 制作有专业特点的文献；学会收集和发送电子信息，学会电邮、飞信和QQ 等现代工具的使用方法。

5. 学会与他人共事

建立良好的人际关系，有意识地去寻求与教师、同学的合作，以及与在兼职或学习中遇到的各种人建立良好的关系。团队合作，能在不同的团队环境下与人合作。教学相长，至少有 3 次教学的机会，并成功帮助他人培养相关的技能。

6. 学会影响他人

高效管理，在社会工作中有效地管理过至少 3 名以上的"员工"。成功销售，至少有 2 次说服他人购买一个产品或捐款等的经历。参加活动，至少参加过一次学生组织的活动和一次学校级别的活动，并在其中担任某个角色或参与过某个决策过程。有效领导，至少在一个现有的机构组织里或团队项目中担任主要的领导职务。

7. 学会收集信息

学会使用图书馆资源，学会在不同领域中使用图书馆分类检索系统和数据库。学会使用商务数据库——网上搜索，至少学会使用 3 种不同的搜索引擎，能通过网上搜索发现自己渴望的实习机会和工作机会。学会采访，包括问卷调查。学会分析运用调查结果，当你拿到调查结果时，能提出一些有关样本与真实情况之类的关键问题。学会保存和使用档案数据，每天的活动要做好日志，并能使别人看到日志后知道你曾经做过什么。

8. 学会处理数据

能够完成工作领域中将要面对的任何普通的计算问题,包括指定与调整计划的预算。会使用图表,能将数字用图或表格的形式显示出来,并用它们来说明自己的观点。会使用电子制表程序,当遇到大量需要分析的数据时,知道如何用电子制表软件处理。

9. 学会恰当地提出与回答问题

学会发现偏差,每当获取信息时,要主动思考信息背后隐藏的问题,以及怎样来检验其准确性。要注意细节,能"读懂"自己拿到的文件,并判断问题的前因后果,能抓住文件里的每一个要点。学会运用专业知识,对问题做出专业解释和检验解释,并以它们为基础对自己的生活进行预测。学会评价,能以具体的标准指导目标,帮助评价自己在学习和工作过程中的表现。

10. 学会解决问题

培养发现问题的能力。至少要参加 2 次不同的理论或课题研究与活动,策划某一个项目或参与某一个活动,要在参与过程中让人们清楚地了解问题是什么以及如何操作。

培养解决问题的能力。要帮助一个学生组织或管理机构执行一项方案,以及成功解决一些确定的问题。

培养解决问题或方案实施的能力。要以时间为顺序,就如何发展并努力执行某一具体问题的解决方案写一份有操作性与可行性的纲要。

求职前的准备工作

1. 准备好求职材料

在大学专科三年级第一学期开始,就要精心准备好自己的求职材料。求职材料是"通往面试的护照",因此,每个同学都要秉持诚信原则,精心打造自己的那本"护照"。毕业生求职材料的主要内容包括:中(英)文求职信(或称自荐信);个人简历;学校毕业生推荐表;学校教务部门提供的学业成绩单;在校期间的各

镇江高专就业指导网
http://jyb.zjc.edu.cn

类获奖证书,各种资格和技能证书,取得的各种成果和作品证明;担任过的各种社会职务证明材料;能代表自己专业创新水平的设计作品、论文的复印件;实习单位或工作兼职的能力评价意见。

求职材料前附一页"材料索引"或"目录",这样可以反映出你办事的条理性。上述材料准备好后,还需设计一个封面。封面要简单明了,不要做得太花哨,不要做成卡通式,不要添加各种口号式语句。

题目建议使用"镇江高等专科学校××届毕业生求职材料",上面列出姓名、系、专业、辅修专业、联系电话、电子邮箱、通信地址、邮政编码、个人主页或博客(如有可能),以方便用人单位与你联系。

准备求职材料的关键和落脚点是要突出你的特点,一定要针对你寻求的职位,充分展示你的优势、能力和素质。面对不同需求单位不能使用千篇一律的求职材料。

2. 通过各种途径搜集就业信息,了解用人单位情况

用人单位的需求信息主要发布在学校就业网上,毕业生应主动通过网站或其他途径全面了解用人单位的需求标准和要求,选择适合自己的单位及职位,然后,向其发出求职信,寄发或投递个人求职材料。对投递了求职材料的单位要注意做好备忘录,什么时间发送的,发送了哪些单位以及单位的联系人和联系方式,都要记录清楚。一般来说,求职材料投递后最多不超出 10 天,应主动电话联系对方,咨询面试情况、时间及地点。

就业应聘面试技巧

面试是一个非常重要的环节,是成功求职的临门一脚。有些大学生在这个过程中感到不知所措,或者没有准备好,使自己在求职中因小失大,错失就业机会。在求职过程中注意一些基本的礼仪和技巧,往往能达到事半功倍的效果,因此,毕业生要通过各种途径加强学习。应聘时应注意以下几方面的礼仪和技巧,以增强面试的有效性。

1. 做好充分的准备工作

充分了解应聘单位 对用人单位的性质、地址、业务范围、经营、业绩、发展前景,以及应聘岗位职务及所需的专业知识和技能等要全面了解。一位资深

的人力资源主管曾表示："面试时，我们都会问求职者对我们公司了解多少，如果他能很详细地回答出我们公司的历史、现状、主要产品，我们会很高兴，会认为他很重视我们公司，对我们公司也有信心。"

自己的能力要符合用人单位的工作要求　参加面试时，通过显示你对知识的掌握和理解来表达你希望进入这一职业的愿望。

模拟回答可能询问的应聘问题　减压准备：练习处理对你面试不利的事情。心理准备：面试就好比一场考试，在测试每个人的能力也在测试每个人的心理素质和临场发挥。业务知识准备：与应聘岗位相关的专业知识、业务技能等要熟知。资料准备：备上求职材料，准备当天可能用到的个人资料或作品，携带相关证件，以便在面试过程中进一步提供自己的个人相关资料。

2. 答问技巧

回答技巧　把握重点，条理清楚；讲清原委，避免抽象；讲完事实以后，适时沉默；冷静对待，宠辱不惊。

发问技巧　提问题必须紧扣工作任务和工作职责，如应聘职位所涉及的责任及所面临的挑战，在这一职位上该取得怎样的成果，该职位具有代表性的工作任务是什么等。

3. 谈话技巧

谈话应顺其自然，不要误解话题，不要插话，不要说奉承话。

留意对方反应：交谈中很重要的一点是把握谈话的气氛和时机，随时注意观察对方的反应，如果对方的眼神或表情显示对你涉及的某个话题失去了兴趣，应尽快找一两句话收题。

有良好的语言习惯：表达流利，用词得当，注意说话方式（发音清晰，语调得体，声音自然，音量适中，语速适宜）。

展示真实的自己：面试时切忌伪装和掩饰，一定要展现自己的真实实力和真正的性格。

以平等的心态面对招聘者：这样能够避免紧张情绪，特别在回答案例分析问题时，一定要抱着是在和招聘者一起讨论这个问题的心态,而不要觉得是在考自己,这样可能做出很多精彩的论述。

态度要坦诚:招聘者一般都认为做人优于做事,所以面试时,一定要诚实回答问题。

4. 礼仪技巧

建立良好的第一印象　应做到遵守时间、服饰得体、从容自然、重视礼节、面带微笑、注意倾听、适度赞同对方、正确使用肢体语言。

着装得体　给招聘者留下良好印象,也是一种礼貌行为。着装必须整洁:挑选干净、熨烫平整的衣服。着装应当简单大方:应聘职务较高或专业性强的工作时,衣着尽可能抛弃各种装饰,尤其注意不要穿短T恤、扎染牛仔裤等。气质要优雅,要通过仪表、举止、谈吐等形象充分显示所具有的气质特征。面试结束必须言谢,如请多关照、谢谢、再见等。

5. 面试结束后的注意事项

回顾总结　对自己面试时遇到的难题进行回顾,重新考虑一下,如果再一次向你提问,该如何更好地回答。尽量把参加面试的所有细节记下,一定要记下面试时与你交谈的人的名字和职位。

致谢　在面试结束后的一两天内,可以给负责人写一封短信,在信里应该感谢他为你所花费的精力和时间,感谢他为你提供的各种信息。如果在一个星期内或依据他们作决策所需的一段合理时间内没得到任何音信,你可以给负责人打个电话问他"是否已经作出决定",这个电话可以表示出你的兴趣和热情。打电话后,应该给对方寄封信,或者发一份电邮,内容包括:你的优点;对应聘职位仍然十分感兴趣;你能为公司发展作出的具体贡献;你希望早日听到公司的回音。

例:面试后的感谢信。

尊敬的×××先生/女士:

感谢您昨天为我面试花费的时间和精力!我和您谈话觉得很愉快,并且了解到许多关于贵公司的情况,包括公司的历史、管理方式及公司宗旨。

正像我已经谈过的,我的专业知识、经验和成绩对公司是很有用的,尤其是我的吃苦钻研能力。我还在公司、您本人和我三者间发现了思想方法和管理方法上的许多共同点。我对贵公司的前途十分有信心,希望有机会和你们一起,为公司的发展共同努力。

×××

××年××月××日

警惕求职陷阱

求职路上的陷阱很多,但并不可怕。毕业生要学会分析问题,对"免费的午餐"要多想一想,切莫因求职心切而上当受骗。

(1)谨慎对待小广告。要小心报纸上那些版面很小的招聘广告,特别是那些招聘单位对其业务描述总是遮遮掩掩、躲躲闪闪的小广告。

(2)辨别职务分工。一些招聘单位的招聘信息中虽然列出了要招聘的多种职位,但对毕业生无具体要求,比如无性别要求,无专业要求,无专业胜任能力要求等,只是很笼统地招人,且职位都没有底薪,似乎什么人都适合。

(3)当心游荡于人才市场内主动与你搭话、主动为你找工作的人,他们介绍的工作很可能是产品直销员或无底薪的兼职业务员,甚至有可能是违法的"传销"。不理睬他们是上策。

(4)警惕要交纳应聘费的情况。在进行面试时,有些用人单位可能会要求缴纳所谓的信誉保证金、工作服装费、押金之类的费用,国家政策及法律禁止收取应聘上岗押金等费用。这种单位有存在就业陷阱之嫌,毕业生要有维权意识,尽量不去应聘。

(5)对热心者要保持特别的冷静。如果你发现招聘单位几乎对每一位应聘者都是异常热情,异常兴奋,你须千万小心。这样的企业多数不是正规的企业,而且存在很大的风险。

(6)参加面试时,尽量不要只身前往用人单位,避免单独应试。如果用人单位的代表联系你的电话都是些公用电话、移动电话,而无固定的办公电话,更是要特别地警惕!这是传销人员招人惯用的手法。如果你对应聘单位不了解、有点怀疑，参加面试时，最好邀同学、朋友或家人一起前往，你只身进入某大楼面试时，家人、朋友及同学则不要进去，在大楼外等候。若是违法的传销公司，他们在应聘者一进大楼不久，便会收走应聘者的手机，将人监控起来，若随行静候在大楼附近的人员再也打不进其手机，或者应聘者的手机已关机，要立即拨打"110"报警，以便尽快解救。

（7）要当心成为"枪手"。如果招聘单位让你在几天内写篇文字材料，特别是广告用语或策划类材料，那不是他们要测试你的水平有多高，也许他们只对你写的材料更感兴趣。所以，即使要写，也不能太长。例如有些招聘策划人才的单位（一些私人中介），他们本身并不需要人才，但因为碰到了一个很难解决的问题，他们就会以招聘的名义，广纳人才，共献计谋为他们解决问题。面对这种情况，一定要清醒，只写些提纲就可以了，不要把实施部分都写出来。如果是学校专场招聘会请来的招聘单位，则一般不会存在此种陷阱。

（8）正式入职之前（包括正式签订就业协议的时候），一定要把薪水待遇谈清楚，并以文字依据为准，否则入职后就被动了，可能付给的工资水平不像面试时的口头承诺那么高。

（9）要警惕主动上寝室或教室来招聘的人，一般未经学校就业指导中心审定同意的单位来校招聘毕业生，多数是"中介陷阱"，存在推荐低薪做劳务工还要收取中介费的陷阱。

（10）警惕三大"陷阱"。

合同陷阱：一些用工单位在合同上做文章，有意设置一些模棱两可的、表述不清楚的合同条款，进也可以退也可以，录用后存在合同欺骗，不按承诺兑现报酬。所以你在签约时,一定要仔细阅读合同条款,慎重签约。

电话陷阱:一些违法搞声讯服务的人,可能会利用毕业生求职心切这一心理,假借通知毕业生应试之类的事由发短信和打电话。如果此单位你从未投寄过简历,即有可能是电话骗局,你接到此类电话或短信时,千万不可立即回打电话或回复短信,应通过上网或其他渠道查实该单位的真实性。否则,你回复的有可能是收费很高的信息台,以骗取你的电话费。

试用陷阱:毕业生上岗后一般会有三到六个月的试用期。有些单位正是利用这点,在试用期有意支付低额工资,试用期满,立即蓄意辞退。这种单位一般是规模较小的私营单位,实际上是通过这种办法招聘短期工,付给较低的薪水,聘用时既不签试用合同,也不签就业协议,就是签了协议也不明确转正后的薪水。对此,毕业生应要求与其签订合同或协议书,明确不得有意辞退,明确试用后的薪水标准。如果对方不愿签约,说明此单位就有设置"试用陷阱"的嫌疑。

五、创业就是让梦成真

培养创新、创业、创优精神

大学是人才的培养基地和供给机构,大学的使命代表着时代的使命,随着人才在经济和社会发展中的贡献率的不断提升,随着高等教育大众化的逐步实现,高校与社会的结合将更加紧密。科学的高校办学理念,其核心必然是以人为本,就是要把当代大学生培养成为具有人文精神、科学素养和创新能力的一代新人。大学教育的最终目的,不只是授之以"鱼",而应当是授之以"渔",还更应当授之以"人文理念"、"创新精神",这也正是大学教育区别于技术训练机构乃至其他层次学校的一个重要的本质特征。高校如果过分强调实用技术,而忽略基本素质的教育,忽略人文素质和创新能力的培养,所培养的人才必然不会具备可持续发展力。

创新是一个民族进步的灵魂。在镇江的焦山上,有一个郑板桥读书的地方,那儿有副非常精彩的对联,上联是"删繁就简三秋树",下联是"领异标新二月花"。这既是对著名书画家郑板桥诗书和性格的生动描绘,也是对他的治学精神的肯定。我们做学问就是要删繁就简,就是要标新立异。从一定意义上说,标新立异就是创新。

创新、创业、创优这"三创",被中央领导同志明确为高素质人才的重要衡量标准,也是我们江苏精神的核心内容。2008 年 5 月 3 日,胡锦涛总书记在北京大学考察时向全党全社会发出号召,要努力造就一支庞大的高素质人才队伍。5 月 4 日,中央领导同志在与青年科技创新创业人才代表座谈时又强调,广大青年要牢记使命,锐意进取,勇做创新先锋。

创新人才,就是像获得国家最高科技奖的袁隆平、吴文俊、王选那样,瞄准世界科技前沿,攻坚克难,在重点领域取得突破,掌握核心技术,勇攀科技高峰的人。创业人才,就是像创办高科技快速成长型企业的邓中翰那样,敏锐把握市场需求,把科技成果迅速转化为现实生产力,不断创造经济效益和社会财富的人。创优人才,就是像高技能人才的杰出代表许振超、李斌、窦铁成那样,干一行、爱一行,钻一行、精一行,在平凡的岗位上创造一流成绩的人。创新、创业、创优"三创"人才的共同之处在于，他们都以推进国家的现代化建设为己任，具有强烈的使命感和责任心，刻苦钻研，埋头苦干，开拓创新，无私奉献，在各自的工作领域作出突出贡献，是推动经济社会又好又快发展最可贵的资源。

确立创业理念，激发创业激情，学会创业技能，展示创业才华，是当代大学生实现人生价值的一个重要方向和目标。作为大学生，人力资本积累多年，有能力在现在或将来实现创业，而社会也要求享有更多知识资源和掌握专业技能的大学生，能够比一般劳动者更快地发现创新机会、创造更多创业岗位。

周成林，2003年进入江苏大学生物医学专业就读硕士研究生。在一次校园创业报告会上，成功的企业家们所讲述的创业感悟和创业历程，极大地激发了他的创业激情，使他毅然决定从现在开始为将来创业积蓄力量。2005年12月，即将研究生毕业的周成林和两个同学一起创立了一个注册资本仅3万元的技术服务工作室，在一间只有七八平方米的简陋房间里开始了艰苦的创业历程。2006年毕业时，周成林注册成立了镇江思航电子科技有限公司。经过两年多的努力，思航电子成为一家拥有自主品牌，集研发、生产、销售于一体的综合性科技企业，2008年实现销售400多万元。目前，思航电子拥有一支年富力强的研发团队，其中享受国务院特殊津贴专家1名，硕士以上学历工程师6名。思航电子还是镇江软件协会理事单位，拥有国家专利120多项。周成林主持研发的项目获得了江苏省中小型企业创新基金的支持。他本人2008年度被评为镇江市创业先锋，2009年度被评为江苏省青年科技创业明星与镇江市创业明星。

一个优秀的大学生，要有大智、大勇，要敢于走前人没走过的路，敢于干前人没干过的事；敢于创业，敢于实践，敢于成功，也敢于面对失败。在推进有中国特色社会主义现代化建设的进程中，

生活是公平的，哪怕吃了很多苦，只要你坚持下去，一定会有收获，即使最后失败了，你也获得了别人不具备的经历。

——阿里巴巴集团主席

马 云

我们呼唤更多的"三创"人才。我们也真切地期望镇江高专的学子在这千帆竞发、百舸争流的新时代，勇于创新，敢于创业，勤于创优，能够以更多的创新、创业、创优的成绩，开创自己的人生辉煌，给母校增添光彩。

创业是走向成功的另一条路径

创业是属于年轻时代的一个梦想，每个人关于创业，都有不同的想法与看法。不论创业的话题被谈论了多少回，在不同的时期它还是被赋予不同的意义，被人们所津津乐道。创业就好像爱情一样，永远没有固定的模式，追寻的过程是最令人兴奋的。当今中国创业已经成为大学生实现就业，实现人生价值的一个重要助推器，是我国社会经济发展的必然结果，也是解决大学生就业问题的重要途径之一。

在人才竞争激烈、就业压力巨大以及国家政策扶持的情况下，一些有雄心的大学生开始了创业。有的大学生在校期间就已经开始创业，有的是大学毕业找不到工作无奈走上了创业道路，现在有更多的大学生是把创业作为一种追求，作为实现自己梦想的途径。创业的成功并不是神话，看到社会上成功的创业者，尤其是我校的若干校友成功创业的例子，让我们相信真的存在这样的一群人，他们在追求、寻找着属于自己的一片天空，他们执著地相信只有在那里才能体现生存的价值。

创业，是创建一个经济组织，是实现个人发展目标；是一种经济功能和个人特质；是一种管理方法；是一种思考、推理和行动的方法。

创业是让一个人实现从"职业"到"事业"转型的途径，这样的诱惑常常让大多数人的天平最终向创业倾斜。多数人都想创业，都想有一个属于自己的事业，哪怕它很小很小。

一个小公司的老板与一个大公司的总经理聊天，小公司老板说："我们没办法与你们相比，你们是航空母舰，而我们是小舢板。小舢板在大海里随时可能遇到风浪，可是，为了捕鱼，还要冒险前进。"大公司经理说："我们虽然是航空母舰，但打上来的鱼都是老板的，我们跟着喝点鱼汤，而一旦老板认为你不行了，马上端到海里，我们也成了鱼食。"

投资是最直接的创业方式,就创业项目来说,在职创业人群由于其边打工边创业的特性,在项目的选择上也具有一定的偏向性,在职创业比较偏向于投资较小、占用时间不多、能够委托他人打理、充分发挥自身优势。

经常有人这样描述创业者,在他们中间最活跃的一群是在校的学生,包括大学生和研究生,还有 MBA 在读生。他们中有的人已经成立了自己的公司,并且开始赢利或者已有可观的风险资金注入,但他们在管理公司的过程中还缺乏经验。在他们的眼里,有着与他们年龄不符的成熟,他们的目光中流露着沉稳、刚毅,隐隐还有一丝的疲累。在他们身上所承受的压力,可能是旁人所无法想象的。

面对严峻的就业形势,高职毕业生必须摆正位置,切忌心高气傲或眼高手低,如果没有合适的就业机遇,在没有找到正式工作之前,还可以尝试创业。目前,社会对劳动者的综合素质提出了更高的要求。高新技术产业化进程的加快,对职业岗位的新旧更迭及流动变化产生了很大影响,这就会导致个人职业生涯由一次从业型向终身创业型的转变。因而高职教育必将成为一种终身性教育,这就要求高职教育必须着眼于从业者就业竞争能力和终身职业生涯,加强其创业意识的培养,增强其跨行业创业的能力。今后从一而终的职业将会越来越少,必须注重培养和发展学生的个人志趣,注意围绕志趣拓展知识面,为今后面临的求职竞争和职业选择打下良好的基础。但创业教育并非是一种即时创业,而是要培养学生的创业观念和创业能力,及知道应该如何创业,根据什么样的条件,创办什么样的事业。当机会来临时,他就会抓住机会进行创业。大学生可在毕业生实习、见习阶段有意识地定向进入私营企业,有条件的可直接进行自主创业实践。这样,可让自己提前适应社会,磨炼成才意志,实现创业与就业的自然结合。

创业的准备

创业光有热情还不行，没有资金，没有方向，没有经验，时机和条件就尚未成熟。如果条件不成熟就盲目创业，会导致投入大、产出小，项目不准，资金套牢，经营不利，血本无归等后果。所以创业者必须要做好充分的准备。

第一，具备创业素质，才能投资。

要具备识人能力、管理技能、想象力、口才、毅力、奉献精神、积极的人生观；具备独立作业的能力和追求利润的方法；还要具备行业专业知识。

第二，评估一下自己是否适合做老板，具有以下个性特征的人，就不适合当老板。

想到自己当老板要独立管理许多雇员，就会感到紧张和胆怯；与其花费巨大的人力、物力和心血去创业，宁愿保持现状，一切顺其自然；总认为自己是个很稳重的人，如果对某种生意没有十分的把握，是绝对不会尝试去干的；除非事先有一个周密的计划，否则不会贸然去做一件事；工作热情来得快，去得也快，因此做起事来没有恒心，或者常常凭自己的兴趣去工作。

第三，对创业计划做出可行性评估。

你真正了解自己所从事的行业吗？你需要调查管理费用、行业标准、竞争优势等因素。

你的方法被证实过吗？有经验的企业家中流行这样一句名言："还没有被证实的好主意往往可能实施不了。"

你的想法经得起时间的考验吗？过了一个星期、一个月之后，你的创意还那么令人兴奋吗？或者已经有了另外一个完全不同的想法来代替它？

你有没有一个好的人际关系网络？开始创办企业的过程，实际上就是一个组织诸如供应商、承包商、咨询专家、雇员的过程。为了找到合适的人选，你应该有一个服务于你的个人关系网。

潜在的回报是什么？创业，最主要的目的就是赚钱，但其中隐含的绝不仅仅是金钱，还要考虑成就感、爱、价值感等潜在回报。如果没有意识到这一点，那就必须重新考虑你的计划。

创业的方向选择

万事开头难,良好的开始是成功的一半,因此,所有创业问题的核心便是如何迈好开始的第一步。创业难,发掘创业机会更难。有一些人将创业点子的产生归因于机缘凑巧,所谓"无心插柳柳成荫"。不过,研究创意的专家以为,创意只是冰山上的一角,没有平日的用心耕耘,机缘也不会如此的凑巧。所谓的机缘凑巧或第六感的直觉,主要还是因为创业者在平日培养出侦测环境变化的敏锐观察力,因此,能够先知先觉才能形成创意构想。创业最好选择自己熟悉的专业,这样成功概率较高。一来创业初期业务开展阻力较小;二来能提升专业能力,比较容易在激烈的竞争中脱颖而出。大学生创业方向主要有以下几种。

网上创业 由于网络的便捷、高效、管理方便,不少在职创业者都把选择的方向定在了网上创业。网上创业的形式主要有两种:一是网上开店,如在淘宝、易趣上开家自己的网店,或者建立一个专门的电子商务网站。二是善用信息的不对等来进行获利,例如有人在某家知名商务网上注册,专门为供求双方有偿提供信息,而这些信息则全部来自免费的网络。

做代理商 做某个商品的代理,不需要占用全职的时间,而且可以利用正职工作积累的人脉,方便代理商品的销售。

咨询与专业公司 这是最常见的一种在职创业类型。通常是在职者利用自己的头脑智慧、丰富的从业经验或专业技术,进行创业。

委托投资 适合那些拥有一定资金,但个人缺少精力或时间的创业者。对于委托投资来说,一是要选择一个好的项目,这个项目应该满足市场需求、市场优势、市场差异、美誉度这四个方面;二是要有一个好的合伙人,合伙人的品性是第一位的,一个诚信的合伙人是保证合作成功的根本,当然合伙人是否具有管理素质也是非常重要的。

创意服务类 以创意、执行为主要工作内容的职业,适合需

镇江市创业就业网
www.zjcyjy.cn

要自由不受拘束的创意工作者。由于在工作地点上非常具有弹性，因此也适合想兼顾家庭的 SOHO 族，包括企划、公关、多媒体设计制作、翻译编辑、服装造型设计、文字工作、广告、音乐创作、摄影、口译等。

生活服务类　主要以店面经营方式为主，可分为独立开店与加盟两种。较适合的业种包括西点面包店、咖啡店、中西餐饮速食店、服饰店、金饰珠宝店、鞋店、居家用品店、体育用品店、书籍文具租售店、视听娱乐产品租售店、美容护肤店、花店、宠物店、便利商店等。

创业的风险防范

与其他事件的风险相比，创业风险的特点是发生的链条长。从项目选择、资金筹措、团队组建、产品生产，到市场开拓以及事业发展壮大等，战线长，变数大，任何一个环节都有可能存在风险。而成功的创业者是有计划地冒风险，精明的创业者让其他团队人员一起共同分担风险。这就要求创业人才在创业的过程中学会规避风险、转移风险、补偿风险、抑制风险、评价风险、预测风险和管理风险。

1. 创业前需要注意的问题

大学生在进行创业之前，面临的首要问题是对于某一领域专业知识的缺乏。因此，大学生们应该注意以下几点。

创业要以适度创新为原则。在某区域形成优势技术，或者产业集群，最好专注于产业链的一部分。

充分利用原生态技术成果和技术交易市场。一些发明狂人只是因为发明而发明，缺乏市场的知识，性格也比较孤僻，但是其发明具有重大市场价值，因此值得关注和引进。另外，要注意在技术交易市场中发现新产品。

在专利与 KNOW-HOW 之间的取舍。KNOW-HOW 指的是技术诀窍。

产品的系列专利注册和保护防御。比如，DELL 的主要产品是电脑，但是他们有可能在其他不擅长的领域也注册同样的商标。因此，我们可以选择买进其商标使用权。

注意不要与原工作单位在竞争中出现损害原单位利益的行为和不符合劳动法规定的有关事宜。

2. 创业中需要注意的问题

积极利用现有资源 不少在职人员都选择了与其工作密切相关的领域创业,工作中积累的经验和资源是最大的创业财富,要善于利用这些资源,以便近水楼台先得月。对能帮你生存的项目,要优先进行考虑。切不可误用资源,在职老板不能将个人生意与单位生意混淆,更不能吃里爬外,唯利是图,否则不仅要冒道德上的风险,而且很可能受到法律的制裁。在你的地盘,时间、金钱和才能任由你使用。但是,如果乱搞一气,你的生意就会逆转而下。

投资要谨慎 有些上班族有投资资金或有一定的业务渠道,但苦于分身无术,因此会选择合作经营的创业方式。如果你需要合伙人的钱来开办或维持企业,或者这个合伙人帮助你设计了这个企业的构思,或者他有你需要的技巧,或者你需要他为你鸣鼓吹号,那么就请他加入你的公司。这虽能让兼职老板轻松上阵,但也要慎重选择合作伙伴,在请帮手和自己亲自处理上,要有一个平衡点。首先要志同道合,其次要互相信任。不要聘用那些适合工作,却与你合不来的人员,也不要聘用那些没有心理准备面对新办企业压力的人。

此外,和合作伙伴之间的责、权、利一定要分清楚,最好形成书面文字,有合作双方和见证人的签字,以免起纠纷时空口无凭。

细致准备必不可少 创业是一项庞大的工程,涉及融资、选项、选址、营销等诸多方面,因此在创业前,一定要进行细致的准备。通过各种渠道增强这方面的基础知识;根据自己的实际情况选择合适的创业项目,为创业开一个好头;撰写一份详细的商业策划书,包括市场机会评估、赢利模式分析、企业危机应对等,并摸清市场情况,知己知彼,打有准备之仗。不要把未经试验的创意随手扔在一边。如果用这种创意来做生意,也要留心其中可能的陷阱。自问一下:你是否要花大力气来宣传你的产品或者服务?你是否具有足够的财经资源、技能、人手和业务关系?

尽量用足相关政策 政府部门有很多鼓励创业的政策,是对

197

大学生创业的鼓励和支持,创业时一定要注意"用足"这些政策,如免税优惠、在某地注册企业可享受比其他地区更优惠的税率,无息或低息贷款等。这些政策可大大减少创业初期的成本,使创业风险大为降低。

经商之道,以计为首　所有商业经营活动,从表面上来看,好像仅仅是一种同物质打交道的经营活动。但是,透过现象看本质,在今天的"食脑时代"里,商业经营活动实质上已经变成了一种人与人之间的智力角逐,是一场"斗智斗勇"的"智力游戏",是人与人之间的谋略大比试。因此,正如古代军事家所说的"用兵之道,以计为首",经商之道也应该以计为首。面对空前惨烈的市场竞争,想要找准自己的立足点和切入点、站稳脚跟、生存下来、谋取利益、发展壮大,就必须首先考虑如何运用商业智慧制定全面系统的、可执行的和切实有效的经营策略和实施方案,以便确保每战必捷,战无不胜。

正确面对决策失误　你的失误会带来直接后果,如发错货可能致使一个客户立刻与你断绝关系。作为企业家,冒风险时,要谨而慎之。如果出现失误,也不要过于敏感,要接受事实,从中吸取教训。

不要被胜利冲昏头脑　第一步的成功也许全靠你的创意好、时机合适、运气不错和良好的业务关系。不过,这一切随时都可能离你而去。因此,不要太过自信,要保持清醒的头脑,否则盲目投入过量的资金,会使自己陷入泥沼之中。

依托团队创业

创业过程中,有一个好的人才团队,是成功不可缺少的因素。创业如同拔河比赛,人心齐,泰山移;创业如同赛龙舟,步调一致,不偏不移,才能独占鳌头。"宁要一流的人才和二流的项目,也不要一流的项目和二流的人才"是创业投资家的箴言。

1. 创业者与人才引进

在个人创业的起步阶段,创业者要么是一个人单枪匹马开创自己的创业之路,要么是联合几位朋友集体合作,形成团队,共同发展。但是,在个人创业的失败案例中,高达85%的是单枪匹马上阵的创业者,而集体合作的创业团队往往又因为内部矛盾摩擦及利益分配的不均而导致解体。在创业者的人员合作问题上,如何避免内部矛盾摩擦及利益分配的不均而导致解体问题的发生呢?

确立人才的新理念　确立人才是第一资源的理念、人才"社会化"的理念、人才配置市场化的理念、人才有"价"的理念、人才资源开发应加大投入的理念、人才机制竞争的理念等。把人才放在第一位,"以人为本,尊重人才,重视人才。"

创新知识结构　从创业人才的知识结构方面看,创业人才不但要具有关于主打产品、拳头项目的专业知识,还要具有企业经营管理以及法律等方面的知识。随着创业重点的转移,必须对知识进行更新和及时、科学的调整,否则,极易发展成为创业过程的瓶颈。

强化能力结构　从创业人才的能力结构方面看,创业人才不但要具有经营管理企业的能力,联系社会、沟通用户的交往能力,研究、创新、学习的能力,还要有分析理解世界或国家经济发展走势的能力。

2. 老板与员工

在个人创业的初始阶段,一定要具有群做群分的意识。这里

团队有时就是"人多势众"

所指的群做群分，就是指创业主导者寻找一些志同道合的人一起合作起步发展，并且，还要做到清晰且无争议的利益分配。作为老板，最重要的责任就是鼓舞士气、任人唯贤、知人善任。在日常管理中，老板不妨对员工大方一点，因为老板的作用在于鼓舞士气，增强员工的自信心。有了高工资自然有高士气和好的信心，至于如何去工作，员工自然有办法，也不用老板多管了。而且要注意对内部员工讲诚信，如果对内部员工的承诺不能兑现，很容易挫伤员工的积极性。让每一位员工全身心地投入到工作中来，这是管理者最主要的工作内容；让每个人都发挥作用并且让他们明显感觉到自己发挥的作用很重要，这就是管理与领导的秘诀！

"小河有水大河满，大河无水小河干。"在一个企业中，企业就好比大河，员工就好比小河，如果每个员工都能成为一条涌流不息的小河，那么企业这条大河是永远不会干枯的。

创业成功的要诀

一个人要想创业成功，一定要找到自己最想做的事，当然这也必须是他最能干的事，这样他就能够每天都很有劲地去工作，也容易成功。成功的关键是机会：小成功靠努力，大成功靠机遇。一个企业家要成功，所必备的主要条件有以下四个：一是要有冒险的精神；二是要有锲而不舍的劲头；三是要善于发现并把握机遇；四是要善于处理人际关系。

成功的企业都是集中于某一领域、某一产品，采用专业化的策略，走又专又精的路线，生产的产品也很有特色。这就要求企业首先做到客观分析市场需求，针对某一类型的产品市场需求呈现的差异性特点，对不同层面的需求进行细分，然后根据自身的特点，选择进入哪一档次产品的生产。同时注意围绕客户的需求，做好自己的产品，包括产品的性能、包装的品味等。

成功的企业都具有规模小、经营灵活、创新性强等特点，因此控制规模、规避风险、发挥企业小的特点，灵活经营是成功之道。而在市场条件下，保持技术和组织结构即经营组织形式等方面的创新也非常重要。

成功的企业都具有很强的诚信度，因此诚信策略也是创业成功的重要环节。这不仅包括要对客户、供应商、代理商等外部人员讲诚信，还包括对企业内部员工讲诚信。

成功的企业都善于与合作伙伴共赢。

有一次，李嘉诚应邀到中山大学演讲，大学生们请教他有关经商的秘诀。李嘉诚说，他经商其实并没有什么秘诀，如果非说有什么秘诀的话，那就是"我与人合作，如果赚10%是正常的，赚11%也是应该的，那我只取9%，所以我的合作伙伴就越来越多，遍布全世界"。

与此相反，现在的经营队伍中有些"吃独食"的老板，而这样的老板必将导致合作伙伴的流失。作为特许经营队伍中的一分子，必须明白，只有共赢才是赢，只有互惠互利的关系才会长久，只有在"情感"和"利益"上实现自我超越，能够将更多的利益与人分享，才有可能成就更伟大的事业。

成功的企业都需要创业者具备良好的心态。一味地秉承或者固守而不能把握新的机遇，不见得就是亘古真理。创业初期，心态尤其重要，种子播种下去，要耐心等待它发芽、出土、长叶，这个过程是痛苦的，需要耐心，不等到成长期，就不会有收获。一看这个不行再改干那个，结果将一无所获。做企业与做人一样，当遇到困难的时候，当饱受等待的折磨时，就告诉自己：不用怕，只要用心就会好起来的！

高职毕业生要想不被时代所淘汰，还必须不断地学习、提高、充实自己，要利用各种方式进行提高学历的学习或参加职业技能的培训，要根据创业岗位需要和社会需求努力提高自己，树立不断学习、终身学习的观念，以适应社会对创业者素质提出的更高要求。只有这样，面对未来的挑战才能立于不败之地。

六、我成功，我感恩

凤凰花开又一年，六月的校园又到了离别的时节。每年的这个时候，学校都要开展丰富多彩的欢送毕业生活动，切实为毕业生做好各种服务工作，保证毕业生文明、安全、有序、顺利离校。同时，毕业生们也积极行动起来，感恩母校、回报母校，用真情努力走好最后一段大学路。广大师生共同营造文明祥和的毕业文化氛围。

感恩母校现真情

一个人可以什么都没有，但是不能没有感恩的心！感恩的心是每个人必备的，"感恩"可以是一种生活态度，一种善于发现并欣赏美的道德情操。人生在世，不如意事十有八九。如果一味囿于这种"不如意"之中，终日惴惴不安，那生活就会索然无趣。相反，如果拥有一颗"感恩"的心，善于发现事物的美好，感受平凡中的美丽，就会以坦荡的心境、开阔的胸怀来应对生活中的酸甜苦辣，让原本平淡的生活焕发出迷人的光彩！生命是丰满的，也许上苍没有给你一个健康的身体，没有给你美丽的容颜，但是它给了你一颗美丽善良的心！用你的心来活着，用你的心来爱这个世界，爱每一个人，你的人生将会被演绎得生动美丽！

是的，生命是如此的珍贵，在即将毕业的时候毕业生都有诸多感慨。要感激父母给了我们生命，让我们能来到这个世界活过一次；感谢老师，教给了我们知识，让我们成为一个有用的人；感谢朋友，给了我们友谊，让我们在生命的旅程中不再孤独；感谢坎坷，让我们在一次次失败中变得坚强；感谢敌人，让我们使自己不断完善、不断进步……

希望同学们懂得珍惜，学会感恩。要感谢生活，感谢成功，甚至感谢挫折。要感谢父母，感谢父老乡亲，感谢从小学、中学到大学的老师和母校，感谢每一个曾经帮助过你们的人。

记住母校的嘱托

把握方向，扬帆前行　大学三年结束，同学们即将面对的是毕业后的就业和创业。每个同学都有许多梦想。现在，到了扬帆远航的时候了。同学们，抓住机遇，勇敢前行，想到了，就认真去做，并坚持做下去，朝着理想的彼岸，前进！

但是，现在有不少人，在日常生活中，常常会做着等待下一次机会的美梦，而让眼前的机会白白流逝。他们常常会说，等我老了，我就抽时间去环游世界；等我有实力了，我一定去办一个最漂亮的企业；等我有钱了，我一定去做我最想做的事情。还有的说，下个月我就开始干某某事情；明天我就开始锻炼身体；等等。就在这样的等待中，他们丢失了今天，流逝了韶华，等到最后却是什么也来不及干了，或者是什么也干不成了，即使干了，也是仓促草率，马虎了结，往往劳而无功。其实完全可以从今天就做起，从现在就做起，在一步一步地前行中实现理想，不必在等待中徒耗生命。如果现在就毫不放松，一步一步努力地朝既定目标接近，也就不会活了半生，却出现自己最不想看到的结局。因此，最重要的就是从今天开始，最需要的就是从现在做起，从眼前、从脚下迈好第一步，千万不要把实现梦想留到明天。

清朝的彭端淑曾写过一篇《蜀鄙二僧》的故事，讲的是一穷一富两个和尚都要去南海礼佛的事。有一天，穷和尚对富和尚说："我想去南海礼佛，你看行吗？"富和尚说："你这么穷，靠什么去呢？"穷和尚说："我只要一只水瓶和一个饭钵就够了。"富和尚不以为然地说："我几年前就想雇条船下南海，到现在还没去成；你一无所有，就别做美梦吧！"可是到了第二年，穷和尚竟然从南海礼佛回来了。他把自己的云游经历讲给富和尚听，富和尚惭愧得羞红了脸。富和尚虽然有钱但缺乏坚强的意志和勇气，不敢立即行动，因此就没有去成；穷和尚虽无钱但有勇气、信心，而且立竿见影，说走就走，一年后终于去成了南海。这个故事的寓意是，要成

> 千里之行，始于足下。

> 天下事有难易乎？为之，则难者亦易矣，不为，则易者亦难矣。人之为学有难易乎？学之，则难者亦易矣，不学，则易者亦难矣。
>
> ——（清）彭端淑

就一番事业，外在条件不是主要的，主要的是内在条件，要有胆量、有勇气，敢于迈出第一步；要有恒心、有坚强的意志，一步一步坚持下去，才能到达美好的理想彼岸。

现在是讲究绩效的时代，公司、企业、政府，需要的是有能力且能与企业共同发展的人，而不是一味努力却南辕北辙的人。自己适合哪些行业、哪些职业，有很多东西是先天决定的，只有充分地发掘自己的潜力，而不是总与自己的弱点对抗，一个人才能有所成就。

学会把知识转化为能力。知识在一个人的构架里只是表象的东西，就相当于有些人可以在答卷上回答如何管理企业、如何解决棘手的问题、如何当好领导，但是在现实面前，他们却显得毫无头绪、不知所措。他们的知识只是知识，而不能演化为能力，更不能通过能力来发掘潜力。现在很多企业都在研究能力模型，从能力的角度来观察应聘者能否胜任岗位。当然，高能力不能和高绩效直接挂钩，能力的发挥也是在一定的机制、环境、工作内容和职责范围之内的，没有这些平台和环境，再高的能力也无法得以发挥。

健康工作　幸福生活　成绩只能代表过去，这是很多人已经认同的一句话。对于毕业后走入工作岗位的毕业生来说，学生阶段的成绩将成为永久的奖状贴在墙上，进入一个工作单位，就预示着进入新的竞赛、新的起跑线。没有健康的身体，如何应对变幻莫测的市场环境和人生变革，如何应对工作压力和个人成就的矛盾？而且在现代社会，除了要拥有强健的身体，还要有健康的心理。处理复杂的人际关系、承受挫折与痛苦、缓解压力与抑郁，这些都成为工薪族乃至学生们常要面对的问题。为了更好地生活和工作，还是多注意一下身体和心理的健康投资吧。美好生活比什么都重要。

有位学者曾对人的幸福观作了个分析，他列举到：有的人通过自己的不懈努力，走上了高级领导岗位，他们是幸福的；有的人在商场多年打拼获得亿万家产，他们是幸福的；有的人在自己的专业领域不断钻研取得突破，成为科学技术领域的领军者，他们是幸福的；有的人没有取得巨大成就，在自己的工作岗位辛勤工作，生活平稳而自足，他们也是幸福的；还有的人一辈子扎根农村，男耕女织，相夫教子，他们同样也是幸福的。所以论幸福要看你从什么视角去审视，培养一个正确的幸福观是至关重要的。在人生的旅途中，只要你不碌碌无为，不放弃你的理想追求,不停地为你的每一个目标努力着,无论你身处何时何地,无论你从事何种职业,无论你的成就大小,你就是幸福的。

美好幸福的生活,始终不能忽视"爱",要学会爱自己、爱家人、爱他人、爱社会、爱国家,不悲观、不泄气、不攀比、不盲从,努力寻找到适合自己的生活轨道,就会不断产生幸福感。

很多人找女朋友或者男朋友,把学历当作指标之一,既希望对方能够给其伴侣的温暖与浪漫,又希望对方知识丰富、学历相当或更高,在事业上能蒸蒸日上。但是,你找的是伴侣,不是合作伙伴,更不是同事,生活就是生活。适合就会和谐融洽,人比文凭更重要。很多成功的人在回首往事的时候都说自己太关注工作和事业了,最遗憾的是没有好好陪陪父母、爱人和孩子,往往还伤心落泪。何必呢,早意识到这些,多给生活一些空间和时间就可以了。人没有必要活得那么累。

继续努力,终身发展　20 世纪 30 年代,北大校长蒋梦麟勉励毕业生:诸君离学校而去了,在社会上立身的困难,恐怕比在学校里求学还要加甚。若非立志奋斗,则以前所受的教育,反足以增加人生的苦恼,或转为堕落的工具。这是诸君所当特别注意的。事业的成功,须经过长时间的辛苦艰难——成功的代价,走过了许多荆棘的路,方才能寻获康庄大道。万不可希望以最少的劳力,获最大的成功。

当同学们怀揣向往之心步入大学校园的时候,你们也一定憧憬过走出大学校门踏上社会的时候。这一天终于到来了,在大学的日子里你们的思想在脑海里经历奇妙的旅行了吗?你们的情感更加丰富、更加真诚、更加美丽了吗?愉快的学习助你自主成长了吗?也许你们会说,不够,还不够。是的,大学是你们人生成长的一个重要基地,培养了你们专业的眼光与技能、开阔的眼界与胸襟、学习的理想与美德。你们将带着健康的人格与专业的素养担当社会责任。请记住:理想,决定你往哪里走,决定你的高度;意志,决定你是否能走得动,决定你的厚度;态度,决定你能走多远,决定你的深度。

毕业不是学习的终结,而应该是新的学习阶段的开始。在社会的大课堂中,你们将会遇到更为艰难的社会考试,将会面对更为深涩的生活考验。在今后的日子里,你们要不怕从最基层做起,学会在困难中修身,踏实做事,诚实为人,立足本职,追求卓越。你们要永远保持学习和思考的热情,求知若渴,虚心若愚,不断探求新知、追求真理,永葆思想的活力。你们要树立远大的理想和抱负,长存敢为天下先的勇气、永不言退的锐气和积极进取的朝气,在中国特色社会主义事业的历史进程中,在人类文明进步的伟大实践中,成就自己的理想和事业。

振兴中华,匹夫有责 复旦校长杨玉良院士在复旦大学2010届本科生毕业典礼上对3000余名复旦学子寄语:做勇于承担责任的人。他说,如果我们的毕业生都在生存的压力下迷失自己的方向,浪费自己的才华,那么他们又怎么能成为二十年后引领社会发展、担当国家重任的领袖之才呢?

在毕业典礼的演讲中,杨玉良向所有毕业生提出了这样一个问题,而"责任"则是他破解这个问题的回答。出于人才竞争和科研竞争的需要,大学越来越屈从社会对资源配置的要求,学术和市场结合越来越紧密,学术研究沦为商业行为,大学之间围绕着若干所谓的指标展开激烈竞争,以量化指标为导向,大学功利主义、机会主义盛行。这样的大学怎么支持它的毕业生以良好的心态去面对生存压力的困扰呢?杨玉良给出的答案是大学绝不能丢弃它对社会的责任感,大学生们也应当养成宽容、尊重、公正和坦诚的心态。他特地提醒毕业生们:狭隘的心胸支配狭隘的世界观,狭隘的世界观产生狭隘的行为。对同学们来说,知识技能固然重要,但更重要的是学会做人,担负起应该担负的责任。

要对自己负责,少一些傲气和浮躁,多一份自强和坚毅,要珍爱健康,珍爱人生,保持身心和谐与自我完善。要对家庭负责,无论天涯海角,不管荣辱富贵,都不要忘了给家人多一声问候,多一些眷顾,多一份关爱。要对社会负责,牢记母校重托和自身使命,关心国家和世界命运,恪尽职守,脚踏实地,努力承担起报效祖国、服务社会、造福人民的责任。凡是能成就一番事业的优秀毕业生,他们能够把国家的强盛、民族的复兴和个人的价值实现紧密结合起来,善于抓住机遇,找到自己的最佳位置。他们既志存高远,又脚踏实地,有务实的作风和持久的热情;既承继传统,又勇于开拓创新,有强烈的创业创新意识;既能坚持真理、勇担风险,又能纠正失误、克服挫折,有光明磊落的胸怀;清正、廉洁、诚信。他们发展成长的路径,就是在社会实践的大学校中不懈怠地学习与提高,永不自满。

学校热忱期望全体毕业生把内在的自我发展和外在的社会需要紧密结合起来,在复杂多变的社会生活中砥砺品格,磨炼意志,多闻多见,慎言慎行,寡尤寡悔,努力成为人格完善、德才兼备的人,在全面建设小康社会、实现中华民族伟大复兴的实践中书写出无悔的青春!

镇江高专校歌

吕凤子 词曲

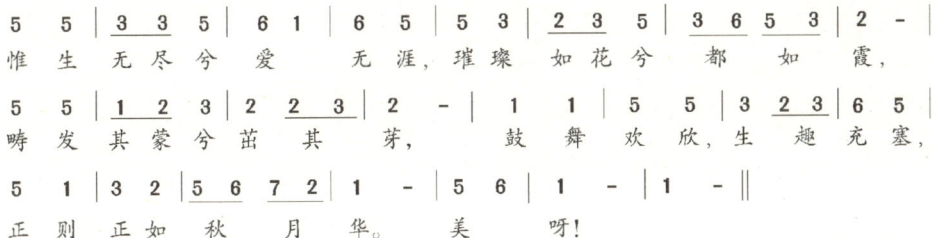

1=C 2/4

```
5  5 | 3 3 5 | 6 1 | 6 5 | 5 3 | 2 3 5 | 3 6 5 3 | 2 - |
惟  生  无 尽 兮  爱    无 涯， 璀 璨  如 花 兮  都  如  霞，

5  5 | 1 2 3 | 2 2 3 | 2 - | 1 | 5 5 | 3 2 3 6 | 5 |
畴  发  其 蒙 兮  茁 其  芽，     鼓 舞  欢 欣， 生 趣 充 塞，

5  1 | 3 2 | 5 6 7 2 1 | 1 - | 5 6 | 1 - | 1 - ‖
正  则  正 如  秋 月 华。  美      呀！
```

歌曲说明：

　　镇江高专校歌为吕凤子先生1915年亲自撰写的《正则校歌》。校歌描绘了一幅和谐校园的美景：生生不息的校园充满爱，鲜艳的花儿到处盛开，教师全心培育学生，学生个性得到充分发展。这既是吕凤子对办学理想的憧憬，也是对师生成长的道德关怀和教师育人职责的要求。他的教育思想、办学理念和职业道德教育观在正则校歌中得到了充分反映。

　　正则校歌作为新时代镇江高专的校歌，进行了二度创作，改编为合唱版，歌曲前加入了"太阳从东方升起……"的引子，歌曲结尾加入了"代表热情和希望……"的分声部合唱。歌曲底蕴深厚，内涵丰富，歌词、曲调优美流畅，是传统校歌中的精品。

你们的起点比我高

——致奔向梦想的同学们

丁钢

当同学们参加了毕业典礼后，翻到本书的最后部分，这算是在大学里的最后一堂课吧，这是一校之长的荣幸，也是一次与同学们的交心长谈。

如果不自我介绍，大家拿到毕业证书，也许会指着上面的签名问"丁钢是谁"。我，就是丁钢。1987年考取一所中等师范学校，1990年中师毕业，18岁到农村做小学教师。22岁参加全国高考，25岁大专毕业。你们的起点比我高，这么年轻就大学毕业，而且很多同学通过专接本即将完成本科学业。而我本科毕业时已经30岁，硕士毕业时33岁，博士毕业时37岁，博士后出站已经43岁。所以说，学习的起点不代表终点。你们的起点比我高，如果再多一些坚持、多一些努力，让学习成为一种习惯，一定会比我走得更好、更宽、更远。一个人最迷人的气质不是"高富帅""白富美"，而是书卷气。你们这些"高富帅""白富美"再多加一些"书卷气"，就一定会变成"万人迷"。

读大学的时候，同宿舍7位兄弟听说我恋爱了，比我还高兴。他们认为：丁钢能找到对象，他们一定能找到更好的对象。事实上，他们大学里就谈了两三个，而我至今只谈一个。同样的环境，颜值高的人会比颜值低的人更容易获得机会；同样的成功，颜值低要比颜值高的人付出更多努力。但是，先天的颜值，随着时间的流逝和生活的磨练，会不断损耗和贬值。要想实现保值和增值，就必须不断提高自己的能力。现实社会中，颜值只是装饰画，能力才是压舱石。有了它，事业的小船和爱情的小船才不会说翻就翻。从第一天做小学老师起，就努力让孩子享受我的每一堂课，常常为40分钟的教案和讲稿通宵达旦。有的孩子可能不很满意，甚至很不满意，但我一直在努力、在提高。你们的颜值比我高，如果再多一些坚持、多一些努力，不断提高自己的能力，增强自己的实力，一定会德才兼备、才貌双全、能文能武，一定会赢得更多机会、更多成功，你们的明天就一定会比我的今天要精彩。

26 年前的毕业典礼上听校长致辞；26 年后的毕业典礼上作校长致辞。如同大家明天记不清我今天讲了什么一样，我已经记不清当年校长讲了什么。但是，记得那天晚上，和宿舍里的兄弟喝多了，他跟我讲第二天晚上请我，这一请，等了 26 年；记得那天晚上，第一次约一直想约的学妹，道个别，这一约，也等了 26 年。最初，我只知道恨那位兄弟的小气和那位学妹的无情。后来知道一个词叫"情商"，以我不高的智商可以准确地判断，你们的情商比我高。因为你们知道：男孩子就要向我那位兄弟学习，大家肩上一头挑着家庭的希望，一头挑着社会的责任，要勇于担当，勤于创业，多挣钱、不铺张、不浪费，有时间陪陪家人，家庭和谐，社会就会和谐；女孩子要向我那位学妹学习，不要轻易相信男生说的"会对你负责""会让你幸福"，职场的男同事比学校的男同学还要"坏"，大家一定要找准人生的定盘星，不看"起步价"，看好"潜力股"，一般不出手，出手不失手，用自尊、自信、自立、自强，构筑自己的美好事业、温馨家庭和幸福人生。

同学们，你们即将启航远行，母校将成为永恒的记忆、美好的回忆。明天，当你收获成功时，请翻开毕业证书，自豪地告诉家人，证书上方照片中的人比证书下方签名的人，有学问、有颜值、有情商，所以你能行，能取得成功！当你遭遇挫折时，请打开毕业证书，自信地告诉自己，证书上方照片中的人比证书下方签名的人，有学问、有颜值、有情商，坚信你能行，能走出困境！不管收获成功，还是遭遇挫折，请经常@ 母校，母校一定为你点赞、为你加油！同样，请你加母校好友，关注母校，点赞母校！

最后，祝大家身心健康、家庭安康、一生小康！

（本文作者丁钢，管理学博士、教育学博士后研究人员，教授、研究员级高级工程师，现任镇江市高等专科学校校长、党委副书记。本文根据作者在 2016 届毕业生毕业典礼上的致词整理而成。）

毕 业 合 影

师长寄语

互勉

珍重

互勉

珍重

后　记

本书是为镇江高专的同学们量身定制的。它是同学们参与学校素质教育活动的一本重要参考书，也是相伴同学们度过大学时光的一位挚友。

本书的编写，是在镇江高专党委直接领导下进行的。党委书记杨国祥研究员对本书的编写要求及其写作提纲提出了具体的指导意见。党委副书记徐铭同志负责拟定了编写框架、写作提纲和基本要求，并先后多次召开编委会进行了具体讨论，确定了撰写人员的具体分工。上篇由徐铭、王桂龙同志执笔，中篇由王桂龙、徐铭、郑明喜、盛洁、唐红雨、刘燕同志执笔，下篇由柏林、徐铭同志执笔。徐铭同志负责了全书的统稿和修改，最后由杨国祥同志审定。艺术设计系张谦老师专门为本书创作了插页漫画。

本书针对同学们在大学专科学习期间较易出现的问题，进行了比较深入的思考探讨，并通过参阅借鉴前辈、同仁的研究成果，力图在某些问题上提出自己的看法和观点，以供同学们参考。如若同学们能从中得到一二有益的启示，我们就感到十分欣慰了。

本书的编写过程中，还参考了国内外学者的一些研究成果和相关资料，恕不一一列出，在此谨表示衷心感谢。

镇江高专是一所百年老校，长期秉承并践行"素质为魂，能力为本，厚德强能，全面发展"的办学理念，学校及各系各部门领导历来十分重视学生素质教育工作，并对本书的出版给予了大力支持和帮助，在此我们特别致谢。

本书的出版得到了江苏大学出版社汪再非、常钰同志的大力支持和热心帮助，我们对他们付出的辛勤劳动致以诚挚的谢意。我们还要感谢其他所有为本书顺利出版给予支持和帮助的朋友们。

为了使本书能够适应不断发展的时代要求，形成镇江高专素质教育特色，我们将每年组织老师和同学对本书进行研讨，并在此基础上继续修订，以不断完善和提高。我们真诚地希望老师们、同学们和各位朋友对本书提出宝贵的意见。

编　者

2010 年 8 月于正则楼